KÈ YON PITIT

YON VWAYAJ ANNDAN KÈ PAPA

M. JAMES JORDAN

©2023

Sonship – pa James Jordan
Twazyèm edisyon ki pibliye pa Fatherheart Media 2014
Pibliye premye fwa pa Tree of life Media 2012

NÒT: LIV SA GEN MENM TAB MATYÈ AK PIBLIKASYON DE SONSHIP AVAN, PIBLIKASYON SA SÈLMAN GEN YON LÒT IMAJ SOU KOUVÈTI A.

PO Box 1039, Taupo, New Zealand 3385
www.fatherheart.net

Tom Carroll Deziy kouvèti a

Remèsiman pou;
Wilson Sze, Erica Sze, Cathy Garratt,
Veikko Kosonen and Lloyed Ashton.

ISBN 13: 978-0-9951299-8-6

Tout dwa rezève. Okenn pati nan piblikasyon sa paka repwodui, sofgade nan yon sistèm rekiperasyon, oubyen transmèt sou nenpòt fòm oubyen nenpòt fason – pa egzanp , elektronik, fotokopi, arejistreman – san pèmisyon piblikatè a ekriti avan. Sèl eksepsyon se yon brèf sitasyon nan revize enprime yo.

Tout vèsè ki site, sof sil pat mansyone sòti nan Vèsyon King James lan. Copy right 1982 pa Thomas Nelson, Inc. Itilize avèk pèmisyon. Tout dwa rezève.

Enpe nan vèsè ki site yo sòti nan HOLY BIBLE, NEW INTERNATIONAL VERSION, NIV copy right 1973, 1978, 1984, 2011 pa Biblica, Inc. itilize avèk pèmisyon. Tout dwa rezève nan tout mond lan.

Pou lòt liv, e-books, CD, DVD oubyen MP3, vizite www.fatherheart.net/store

Demand Entènasyonal yo ap byenvini. Transpòtasyon Entènasyonal disponib.

Pou Jack ak Dorothy Winter

TAB MATYÈ

	Prefas	9
1.	Revelasyon Papa	10
2.	Poukisa Kè A Enpòtan	33
3.	Padone Avèk Kè W	42
4.	Kè Yon Pitit	70
5.	Bondye Se Vrè Papa Nou	89
6.	Espri Òfelen An	107
7.	Sekrè Yon Pitit	129
8.	Libète Gloriye Pitit Yo	150
	Sous	170
	Yon Envitasyon	171
	Fatherheart Media	173

PREFAS

Nan lane 1977, Jack winter te wè yon bagay nan mitan yon pakèt deviyasyon ak refleksyon nan krisyanis nan epòk sa. Se te yon flach limyè briyan pi. Li te wè anndan kè papa vrèman. Depi lè sa a, sa kontinye ap fè efè nan krisyanis jiska prezan.

Jack avèk Dorothy Winter te viv yon vi aventire mèveye jouk ka dat sa. Ranpli de sentespri ak lafwa, yo te abandone mond sa ak tout sousi li, e ap viv avèk yon devouman pou espri ak pawòl Bondye, sa vrèman ra. Anvan lontan santènn de moun tou pa tou nan lemond te vin jwenn yo nan sa yo te rele "Daystar Ministry". Se te nan rezo kominote sa yo Jack te vin jwenn revelasyon sou kè papa.

Pandan dènye vennsenkan (25 an) nan lavi li, Jack te dedye resous ekstraòdinè lavil avèk eksperyans pwofon li te genyen nan ministè sèlman pou te esplike lanmou Bondye. Li te vin reyalize lanmou sa se te aktyèlman yon sibstans ou kapab transmèt e ki ka geri moun ki gen kè brize. Nan ale vini li vwayaje plis ke san mil kilomèt nan lemonn antye, li konn fè yon jounen ap anbwase plis ke mil moun chak jou. Li te wè gerizon mèvèye Bondye. Mwen te youn nan moun sa yo. Jack te wè reyalite lanmou papa Bondye. **Rezilta revelasyon Nouvo Testaman an.**

Liv sa rakonte vwayaj pèsonèl mwen nan limyè sa. Jack te yon papa spirityèl pou mwen e, anvan l mouri nan mwa Dawout 2002, li te depoze men l sou mwen pou m te resevwa manto l la. Men menm bèl revelasyon lanmou papa li te resevwa te toujou pa t fin konplè. Gen plis toujou. Se fason sa Papa te jwenn mwen. Lanmou l ki te jayi nan kèm te chanje m de yon senp kretyen e mwen vin pitit Bondye. Sa pwouve se sèlman premye pa. E gen plis toujou se sa ki entèresan.

James Jordan, Topo 2012

CHAPIT 1

Revelasyon Papa

∼

25 dènye lane sa yo, mwen vwayaje nan mond lan plis ke 35 fwa, ap anseye nan yon pakèt konferans ak nan legliz revelasyon kè papa. M souvan santi tankou senyè a voye m toupatou nan lemond pou m senpleman rakonte sa ki rive nan lavi m. Gen yon moun ki dim yon lè, "James, ou genlè panse lanmou Papa se solisyon pou tout pwoblèm limanite". Eske m kwè sa vrèman ? Wi Mwen kwè sa ak tout kèm.

Plis mwen antre nan revelasyon lanmou papa plis mwen wè li nesesè pou gen yon renovasyon konplè nan krisyanis la. Nou gen yon krisyanis ki fokis twòp sou sa nou dwe fè olye sou kiyès Bondye ye ak sa li te fè. Anpil nan nou ap pote yon chay ki se prezantasyon yon fo levanjil. Yo di nou kisa nou dwe fè pa pouvwa pa nou olye sa Bondye te fè pa pouvwa pa li. Yo di nou, rezon Bondye beni nou, se pou n ka beni lòt moun. Verite a se Bondye beni nou senpleman paske li renmen nou e paske li vle beni nou. Yo te prezante nou yon levanjil ki di nou dwe travay pou Bondye – men map di w, sa ap koz ou fè fayit. Plis kretyen ap kouri kite tip de krisyanis sa e goumen pou travay e fè Bondye plezi.

Krisyanis la se senpleman sa: Bondye renmen w e li vle pou w kontinye ap fè eksperyans viv nan lanmou l. Se sa vi kretyen an ye. Lè ou reyalize sa, sa mennen w nan yon repo ak kontantman e yon lapè pwofon ki vrèman kontaje k ap enpakte senpleman akoz de moun ou ye a. Nou nan yon renovasyon, yon refòmasyon ak yon restorasyon krisyanis la mwen kwè ki enpòtan kòm refòmasyon l menm.

Konnen Jezi Pa Menm Bagay Avèk Konn Papa

Anpil nan enpresyon mwen te jwenn de krisyanis nan tout ane yo sè ke li santre sou Jezi. Papa mansyone sèlman an pasan. Sanble Papa se anba pay li rete konpare avèk la pèsòn de Jezi. Mwen kwè se paske nou tèlman gen yon fokis sou Jezi. Nou panse si nou konnen Jezi e nou fè eksperyans avèk Jezi nou otomatikman konnen Papa. Jan 14:7 se youn nan vèsè moun jwenn move konsepyon sa a, lè Jezi di "si ou wèm ou wè Papa", men fòk nou sonje ke Jezi pa Papa e Papa pa Jezi. Jezi pa di "mwen se Papa." Li pa jam di lè ou konnen m se menm ak konnen Papa. Li di se Papa ki tap fè tout travay sa yo nan li. Li pale pawòl ke Papa te di pou l pale. Li di, " mwen sèlman fè sa mwen wè Papa m ap fè" men li pa janm di, "Mwen se Papa."

Tout sa n ap ansenye dwe baze sou pawòl BonDye. Si nou gen nenpòt revelasyon ki pa baze sou pawòl la ebyen se pa yon revelasyon ki soti nan BonDye. Sepandan, fòk ou konnen mache selon pawòl BonDye se pa nesesèman menm bagay ak mache avèk BonDye. Si w ap mache ak BonDye w ap otomatikman mache selon pawòl li. N ap mache ak lespri a, pa avèk pawòl la, men lespri a pap janm mennen nou yon kote ke pawòl la pa dakò. Disip yo pat janm li Nouvo Testaman. Yo te ekri l! Kisa ki te sous materyèl yo? Yo te mache ak lespri a e lespri a te ba yo pawòl pou yo te ekri.

Mwen te li yon fwa yon bagay Andrew Murray te ekri ki te enpakte m anpil e ki te gide m nan objektif pou m te ekri liv sa. Li te ekri: '' Sa lanmou Papa a te ye pou Jezi, se menm jan lanmou l ap ye pou nou." Ou wè, gwo defo nan eksperyans kretyen nou menm lè nou kwè nan Kris nou kite Papa a deyò. Men Kris te vini pou l te mennen nou bay Papa a. Se te tout enterè vini l lan – pou l mennen nou bay BonDye ki se Papa a.

Andrew Murray kontinye pou l di, "Lavi l sou depandans Papa a se te yon vi nan lanmou Papa a." mwen vrèman renmen deklarasyon sa ! Rezon ki fè l te ka depann de Papa se paske li te konnen Papa l te renmen l totalman e l te ka depann de lanmou sa. Nan tout sa ki te rive nan lavi l li te depann li totalman de Papa a. Epi li fè deklarasyon sa ke mwen plis renmen, '' lanmou papa ta dwe gen menm plas pou nou ke sa l reprezante pou Jezi" Ki plas lanmou Papa te genyen nan lavi Jezi ? Ki enpòtans lanmou Papa te gen pou Jezi? Ou ta dwe di ke se te tout bagay ! Li te vle fè volonte Papa. Li te viv nan eksperyans ak nan konesans lanmou Papa pou li. Li te nan sen Papa menm, viv etènèlman nan kè Papa. Se te plas li.

Mwen kwè ke jodi a n ap asiste ak yon revelasyon ki kòmanse ap sabote mond lan, tankou yon gwo vag nan oseyan an ki pral monte sou plaj yo kòm yon sounami e se restorasyon plas Papa a nan lavi kretyen an.

Derek Prince, Kòmantè l sou Jan 14:6, (kote Jezi te di, '' Mwen se chemen, la verite e lavi. Pèsòn paka vin jwenn Papa san l pa pase pa mwen"). Li fè deklarasyon sa : *"Vèsè sa pale de yon chemen ak yon destinasyon. Jezi se chemen an, Papa a se destinasyon an."* Epi li fè obsèvasyon sa a, *"Pwoblèm pi fò legliz jodia nou vin bloke sou wout la !"* Nou vin bloke sou wout la ! Nou vin jwenn Jezi men nou pa gen yon relasyon sere ak Papa. Youn nan rezon ki koz sa sè ke anpil nan nou manke relasyon entim ak papa nou sou tè a epi, kòm nou li vèsè a konsa, nou jis pa wè sa. Nou entèprete teyoloji nou kòm nou konsakre nou sèlman sou Jezi. Mwen Kwè, sepandan, Jezi ta di, " Se pa yon kesyon de mwen. Se yon kesyon de Papa.

Nou ka di nou rive nan yon moman kote fondasyon kriyanis la tankou yon chèz (bankèt) 2 pye, yon fason pale, men nou nan yon moman kote nap soti de la pou l tounen yon chèz (bankèt) ki gen 3 pye, kote lap pi byen kanpe. Nou te gen yon revelasyon de Jezi e yon revelasyon de sentespwi Nou bati vi kretyen nou sou 2 reyalite sa yo *paske* revelasyon se reyalite pou kè nou. Kounyea, sepandan Bondye ap mennen nou nan revelasyon li menm kòm Papa e, paske Bondye se lanmou, se yon eksperyans lanmou. Li baze sou yon evazyon pèsonèl e entimite lanmou Papa andedan kè nou. Pou kèk moun san vini tankou kaskad dlo pisan, sepandan pou lot moun li vide gout pa gout. Sa pa enpotan jan l vini, depi l vini. Revelasyon souvan rive sou nou gradyèlman tankou lè li pral fè jou.

Pandan map depoze fondasyon an sou sa Papa dwe ye nan lavi yon kretyen, mwen vle site sa St. Augustine de Hippo te di." Li di, *la bib an antye pa fè lòt bagay ke rakonte lanmou Bondye. Sa se mesaj ki sipòte e eksplike tout lòt mesaj yo."* Tout sijè kretyen ou ka panse se yon ekspresyon lanmou Papa. An verite, *tout* bagay nan krisyanis baze sou lanmou Papa. Yon krisyanis san konpreyansyon e eksperyans lanmou Papa se yon krisyanis ki manke fondasyon.

Gen yon bagay ki pap bon nan fason nou konprann kretyen si nou pa gen lanmou papa kòm fondasyon. Menm lakwa se yon ekspresyon lanmou papa. Lanmou papa se pa ekspresyon lakwa. Paske Bondye tèlman renmen lemond li bay sèl pitit gason l, e lanmò jezikris sou lakwa se te pi gran mesaj pou wè degre lanmou Bondye pou nou. Li eksprime sa lanmou Bondye vrèman ye. Tout bi krisyanis se lanmou papa, e lakwa retire tout bagay ki te ka detache nou avèk lanmou sa pou nou kapab enb avèk asirans devan tronn gras la. Pou nou ka chita sou janm li, pou nou ka konnen l kòm papa nou . Vi kretyen nou pap gen fòm si nou pa konprann ke lanmou papa se revelasyon ki sipòte e eksplike tout lòt mesaj yo.

Augustine di ankò, *si ekriti labib te ka chanje an yon sèl grenn mo e pou l devni yon sèl vwa, vwa sa tap pi fò ke bri lanmè a ki tap kriye byen fò "Papa renmen w!"*

Gade, Nou pa konnen ke nou pa konnen! Nou pa konnen ke nou pa konnen papa. Nou konnen doktrin lan e nou ka menm anseye moun sou Konesans Bondye kòm Papa san nou menm nou pa konnen l pèsonèlman kòm Papa. Yon revelasyon chanje pèspektif nou tèlman san nou pa menm panse nou otomatikman adrese Bondye kòm "Papa!" Nou kapab konnen ekriti yo ki *pale* de Papa e nou ka panse lè nou konnen ekriti yo li egal ak konnen Papa menm! Nou pa konnen ke nou pa konnen!

Youn nan pi gwo pwoblèm nan Krisyanis jodi a se nou panse akoz nou konnen sa labib di nou otomatikman genyen sa lap pale de li a. Sa se yon gwo move konsepsyon. Lè m anseye sou sijè sa mwen souvan jwenn avèk move konsepsyon sa. Li kapab yon pwoblèm patikilye pou moun tankou mwen menm ki deja gen filozofi akademi. Pandan anpil ane mwen te panse konnen ekriti yo se menm avèk genyen sa ekriti a ap pale de li a. Sa te mennenm nan yon fo kwayans total kote m te kanpe avèk Bondye, ki te finalman kraze akoz echèk total pèsonèl mwen. Lè sa te rive mwen te vin reyalize tout konesans mwen yo pat chanje m menm yon ti kras ! mwen te kriye nan pye Bondye pou te ban mwen yon bagay ki te ka chanje m.

Nap viv jodi a nan yon tan kote Bondye ap revele tèt li kòm Papa nan yon fason li pat janm fè depi tan Apot yo. Kèlkeswa sa ou te konnen e eksperimante nan pase w, gen yon lanmou Papa ou potko janm konnen ki toujou disponib. Si nou ka ouvri kè nou, li kapab transfòme tout eksperyans kretyen nou an yon bagay ki pi gran. Vi kretyèn nou vrèman kòmanse lè nou fè eksperyans sa Jezi te vin ba nou lè l te vin mouri sou la kwa – Revele lanmou Papa !

Kite m kòmanse ba w istwa kijan mwen te vin jwenn revelasyon sa. Lè mwen menm avèk Denise te vin jwenn Senyè a nan lane 1972, nou te soti andeyò de tout bagay ki te gen rapò ak kretyen. Nou pat gen okenn kontak ditou avèk krisyanis. Batiman ki te pi pre kay kote m te grandi an se te yon ti legliz sou ti mòn nan. Mwen te konn wè moun ap ale la. Enpe nan yo se te zanmi lekòl mwen, men mwen pat ka konprann poukisa yo te vle pase yon bèl Dimanch nan yon legliz. Mwen pat konprann ditou. Mwen potko janm tande tèm "fèt yon dezyèm fwa menm."

Mwen te prèske gen 22 zan lè mwen te bay Senyè a lavi m. Sali m te fè yon gran chanjman nan lavi m, paske depi lèm te yon jenn gason mwen te vrèman sèl. Nou te rete nan yon ti zòn andeyò e pi fò fwa pat gen pèsòn pou m te ka jwe. Ti gason ki te pi pre m yo te rete anviwon 3 kiliomèt a distans mwen, enbyen aprè lekòl e pifo wikenn mwen te konn ap pwomennen pou kont mwen nan raje a e nan fèmye bò lakay la. Souvan mwen te konn ap pwomennen sou ti mòn yo tou pre a jouk li fè nwa aprè sa mwen travèse plenn nan, pase fèm nan, travèse ray lan poum janbe kloti ak baryè yo. Mwen te konn tout sa yo trè byen men mwen te vrèman sèl.

Enbyen lè Jezi te vin nan lavi m, nan solitid ekstrèm mwen, sa te fè yon gran enpak sou mwen. Sanzatann gen yon moun ki antre nan kè m ki te renmen m, e mwen te tonbe damou Jezi pou tèt sa.

Sali m se te yon ekspresyon teknik koulè ekstrèm. Syèl la te vin pi ble oubyen zèb yo te vin pi vèt.

Fet Nan Revey

Lè m te vin sove, mwen menm ak Denise te kòmanse ale nan yon legliz ki te an revèy. Anpil Ameriken itilize tèm ''revèy'' menm jan yo itilize tèm '' kwazad''. Yon sèvis de evanjelizasyon. Men revèy, jan m vin konprann li, se lè prezans e pisans Bondye manifeste trè fò, e moun yo ekspirimante l nan fason ki trè tanjib.

Lè yon revèy vini li toujou genyen yon gwo enpak sou eksperyans nou de krisyanis. Yon vrè revèy se lè prezans Bondye manifeste avèk yon pisans san parèy. Se yon liberasyon ki debòde de prezans li nan yon espas spesifik.

Gen mèvèy ki te fèt nan legliz la pandan revèy la. Gen yon jèn fi ki te vle aprann jwe piyano pou l te akonpanye louwanj lan. Men li pat janm ale nan yon kou mizik. Yon jou li te chita ak piyano l. Youn nan ansyen yo priye pou li. E menm moman li te ka jwe nan nenpòt ton. Li pat ka jwe piyano san li pat akonpanye louwanj lan. 16 lane aprè li te kòmanse aprann leson sou mizik li vin wè tout sa yo aprann li se sa li t ap fè deja.

Gen kèk moman moun yo te wè Jezi ak je yo ap mache nan legliz la, ap depoze men l sou yo e ap touche yo pandan lap pase. Padan sèvis la plizyè moun te ka wè menm bagay la nan menm moman. Youn nan ansyen yo konn akeyi vizitè epi envite sentespwi, e nou te jis asiste sa ki t ap fèt. Pandan anviwon 5 ane nou pat bezwen yon Pastè oubyen yon responsab nan reyinyon yo, paske prezans sentespwi te manisfete avèk anpil pisans. Se te yon peryòd ektraòdinè. Sa te ban mwen yon apeti pou m te eksperimante revèy kontinyèlman e depi lè sa m ap espere ke sa refèt ankò, petèt jodia. Sepandan nou paka fè sa fèt, sa konplètman depann de Li.

Lè m ap gade ankò de moman sa m reyalize lòt bagay. Lè espwi Bondye tap manifeste trè fò, mw fè yon erè mwen te panse Bondye tap onore legliz la paske ansèyman nou te vrèman egzakt. Anpil moun nan istwa e toupatou nan mond la jodia ap fè menm erè sa. Nou panse si nou gen entèpretasyon ak aplikasyon egzakt ekriti yo, l ap vin onore nou avèk prezans Li. Men se pa vre ditou ! Se panse sa ki mete divizyon pami kretyen yo jounen jodia. Reyalite a se sa, li pa vini paske ansèyman egzakt, men se vini l ki korije ansèyman. Nou konprann pawòl la vrèman nan prezans li. Bib la te ekri pandan revèy. Tout moun ki te ekri l tap viv nan revèy total e pèsonèl. Li ekri nan revèy e se sèlman nan revèy ou ka konprann li.

Nou te santi prezans Bondye fò Dimanch aprè Dimanch, ane aprè ane. E moun yo vini soti nan 4 kwen mond lan. Sa pat pran anpil tan pou ansyen yo nan legliz la te deside òganize yon konferans. Sèl kote nan vil la ki te kapab akeyi gwo foul sa se te "L'hippodrome local", la ou jwenn yon gwo tribin e anpil moun te vin tande kèk nan pi gran oratè nan epòk sa. Se te yon gran benediksyon pou n te aprann de oratè entènasyonal sa yo e pou nou te viv onksyon ki la nan reyinyon yo. Sepandan pandan m ap apiye sou panse, Bondye t ap vide benediksyon li konsa paske ansèyman nou te rich, mwen aksepte tout sa yo te preche e anseye. Sa pat janm vini nan lide m pou m te kesyone ke li pat ka lòt bagay ke verite absoli.

Mwen sonje te gen yon predikatè nan konferans lan ki te preche yon mesaj ki te enpakte m e m te aksepte l totalman san m pat kesyone l. Li te preche nan pasaj kote Jezi te pran Pyè, Jak ak Jan ale sou montay transfigirasyon an. Li pale de jan Jezi te transfigire e jan li te parèt chanje, kouvri avèk glwa Senyè a e kòman yo te wè l (an pati) jan li te ye nan etènite. Nan menm moman yo te wè Moyiz ak Elize parèt bò kote l. Papa pale nan yon nyaj la, li di *"sa se pitit mwen tande li"* e 3 disip sa yo tonbe atè a san konesans. Aprè kèk tan pase yo leve tèt yo pou yo gade e *"wè Jezi sèlman "*(vèzyon King James). Moyiz, Elize te ale e Jezi te tounen jan l te ye a avan.

Jezi Sèlman

Tout mesaj predikatè a te rezime 2 mo sa yo, "Jezi sèlman." "Li t ap di fòk nou fikse sou Jezi e Jezi sèlman. Li se otè e finisè la fwa nou, Alfa e Omega, kòmansman e la fen. Se sèl non anba syèl la ki ka sove nou. Li se tèt kò li ki se legliz la. Li se epou a. li se tout bagay e non li siprèm." Tout mesaj la sete de Jezi e Jezi sèlman !

Kounya lè li te preche sa, tout anndan m di, "Amen !" paske Jezi te sove m e mwen te gen yon ekpseryans trè fò de sali. Jezi te vin tout bagay pou mwen. Chak tan mwen priye mwen te toujou adrese priyè m ak "Jezi sovèm nan." Tout bagay sete Jezi. Adorasyon sete tout de Jezi. Kantik yo sete tou de Jezi.

Kek fwa yo mete yon stròf nan chan de sentespwi oubyen de Papa men tout bagay santre sou Jezi e mwen te vin panse se te pwen santral la nan krisyanis.

"Eske W Resevwa Lanmou Papa?"

Kèk ane pita nou te ale nan yon lekòl biblik Nouvelle-Zelande, e yon mesye yo rele Jack Winter te vini e te pale nan yon konferans nan lekòl la. Jack te komanse pale de Papa e pandan moman sa li te komanse resevwa yon pi gran revelayson de Papa. Nou pat janm rankontre yon moun avèk onksyon Bondye sou yo tankou sa Jack te genyen sou li. Nou te ekspoze ak anpil lot bèl ministè deja, men, pou mwen menm, lè Jack tap pale se tankou ou tap tande Jezi ki tap pale. Li te depase tout lot bagay mwen te tande deja.

Jack te konn repete yon bèl pawòl: "Anpil moun preche levanjil men nou bay yo opòtinite pou yo viv li. " Sa sete yon gwo pawol. Pou w te ka fè pati ministè Jack ou te oblije vann tout sa ou te posede epi bay pòv yo oubyen vin depoze tout bagay devan pye apot yo epi swiv ansanm avèk lòt kretyen yo yo te rele Day Star Ministry nan epòk sa. Se ministè ki te pi sen ke m te janm konnen. Te gen moman kote pat gen manje pou tout 200 moun yo ki te sou plas e nou jis priye. Priye pou entèsede pou yon bagay se youn, men lèw bezyen manje sou tab la nan mwens ke 2 è tan, sa mete yon lòt nivo reyalite de sa kap fèt nan priyè w la.

Revelasyon Papa Jack te kòmanse jwenn nan konferans Nouvèl Zeland lan te kounya fin grandi e l te konprann ke si moun yo te ka eksperimante lanmou Papa a, yo t ap resevwa yon gerizon emosyonèl. Se te peryòd ekstraòdinè! Anviwon 400 fanmi te enskri pou rejwenn ministè l la ane sa. Te gen 12 baz diferan ki te egziste atravè Etazini, li te gen 600 anplwaye ki t ap travay tout tan epoutan Jack te gen kòm biwo yon ti tab ki te bò kot kabann li. Li te viv nan senplisite.

Lè nou rive lòtbò a, tout moun te kontan pou revelasyon Papa sa e yo te kòmanse ap mande m : « Èske w resevwa lanmou Papa ? ». M te santi m ofanse anpil ! Mwen te gen 28 an e m te panse ke nou ta pwal rete nan ministè Jack la pou tout vi nou. M te fenk soti andeyò nan Nouvèl Zeland, yon kote ke anpil moun dekri kòm forè. Pi wo ke mil mèt altitid, raje a transfòme an peyi ki plen zèb ki sanble ak yon oseyan zèb dore. Kolin li yo se kote manyifik pou pase vi w e mwen menm mwen fèt nan vi sa a. Mwen te viv pi fò tan m deyò, sa ki fè de mwen yon nonm fò e ki gen bon sante. M te gen abitid viv nan Kolin sa yo, dòmi deyò, koupe bwa pou fè dife pou m fè manje m, e mwen te andisi a mòd de vi sa. E kounya yo t ap mande m : « Èske w resevwa lanmou Papa ? ».

Anndan m, m te fache anpil, e m t ap di tèt mwen, « Gade, mwen ranpli ak Sentespri. Mwen déjà fonde yon legliz. Mwen te nan lekòl biblik. M ka pwofetize, chase demon, geri malad yo ak preche levanjil nan lari. Mwen se yon destriktè demon. Mwen se yon òm de Dye ! Bondye te rele m pou m te yon pwofèt, pou m yon enstriman file ki separe nanm ak lespri ! Pawòl mwen yo fè moun met ajenou ! Mesaj mwen yo ap separe pechè yo de moun ki jis yo e ap gen yon eko nan vi anpil moun! Mwen gen yon apèl de pwofèt. Mwen pa enterese ak bagay sa ki rele "lanmou" an. Kisa w vle di pa "Èske m ranpli ak lanmou Papa a?"

Premye Eklèsisman

Aprè kèk mwa ke m pase nan mitan yo, yon panse vin nan tèt mwen. Mwen sonje lè m te gen 4 an, manman m (ki dwe te touche pa Senyè nan epòk sa) te pran abitid mennen frè m nan, sè m nan avè m, nan chanm li lè swa. Nou met ajenou devan yon ti bwat tiwa kote l te te gen yon kwa ak yon balèn. Li te limen balèn lan epi l te aprann nou priyè « Notre Père » la. Li te fè sa pandan yon kout tan. Kèk ane pi ta, yo pat sonje, men mwen mwen te raple m trè byen paske depi moman sa mwen te priye « Notre Père » la chak swa lè m ta pwal dòmi. M te fèmen zye m e nan kè m m t ap fè priyè « Notre Père » la. Pou m fini m te toujou priye « Senyè, beni manman m, papa m, frè m lan Bob, e sè m lan Sylvia ; e Senyè, lè m vin pi gran, fè m gen sante, yon fanmi ki ere ak yon bon travay ». Mwen te fè priyè sa chak swa. Kèk swa m te bliye, alò nan lòt sware a m te priye l de fwa! M pat janm rate yon nwit.

Pandan premye mwa yo ke m te pase Daystar Senyè a te raple m lè Jezi te aprann disip li yo kòman pou yo priye li te ansenye yo pou yo di: « Notre Père ». Mwen reyalize ke m te priye konsa de laj 4 an jiska 14 zan! Jezi te aprann disip li yo pale ak Papa l. M te vin konprann ke Jezi, depi o kòmansman, t ap gide disip li yo vè yon relasyon dirèk avèk papa e pa jis ak li menm. Sa te premye ouvèti nan mesaj « Jezi sèl » m te tande an. Mwen te kòmanse reyalize ke Krisyanis lan pat sèlman santre sou Jezi.

Ou wè, lè moun konn ap mande m : « Èske w resevwa lanmou Papa a ? » Kesyon mwen pito : « Poukisa n ap pale m de papa a ? Se de Jezi yo pale ! Li se sèl non sou latè ke pa li nou kapab sove ! Li se Senyè tout bagay. Li se Wa tout Wa yo. Se Jezi ki konte ! Se li menm ki sove nou ! Se li menm ki mouri sou la kwa ! ». M pat reyalize ke Papa te mouri sou lakwa de fason trè reyèl. M pa sispann ap repete : « Li saji de Jezi ».

M te gen enpresyon ke si m te gen yon relasyon avèk Papa mwen te vin delwayal avèk Jezi. M te di : « Aprè tout sa ke Jezi fè pou mwen, kòman m t ap ka vire do ba li e gen yon relasyon ak Papa ? ». Sa te trè difisil pou mwen. Se vre, se pat fasil ditou, men se konsa m te wè l. Souvni priye : « Notre Père » la te premye vyolasyon nan defans mwen. Jezi te ansenye disip li yo pale ak Papa yo. Li di:

« Men ou menm, lè w ap priye, antre nan chanm ou, fèmen pòt ou epi lapriyè Papa w ki la nan lye sekrè a; e Papa w, ki wè an kachèt, va rekonpanse w » (Matye 6:6).

Sanzatann, mwen te panse: « O ! men sa pale te Papa a ! ». Li akseptab pou w gen yon relasyon dirèk avèk Papa a. M te kòmanse ap avanse.

Adore Papa A

Kèk mwa pita yon lòt **ouvèti** te parèt. Mwen te sonje yon tan, pandan m te lekòl biblik la, yon predikatè ki te sot Etazini te vini ak tout fanmi l. Predikatè sa te pase 11 zan nan lekòl la e l te ansèyne sou levanjil Jan an. Pafwa, pandan nou t ap sòti nan ansèyman l yo, nou te santi nou t ap flote olye nou t ap mache ! Avèk Adorasyon ak reverans li t ap ansèyne te yon benediksyon enkwayab ! li te fè nou pase liv Jan, yon vèsè aprè yon lòt, pandan tout yon ane. Nan fen ane a, li ekskize l paske li te sèlman rive nan chapit 16 ! Sa te yon ane enkwayab etid apwofondi de liv Jan an.

Sepandan, lè nou te rive nan chapit 4 la, li te di : « nou pwal abòde chapit sa diferan. Olye se mwen ki vin ansenye, mwen ap bay chak moun yon vèsè ke nou pwal etidye e n ap tounen vin pataje ak klas la sa nou aprann ». Lè l te di sa m te tou swit espere ke l banm yon vèsè patikilye. M te panse si yo te banm vèsè sa, m pa t ap gen okenn travay pou m fè paske m te deja resevwa revelasyon sou li. M te okipe anpil donk si m te jwenn ekzakteman vèsè sa m te ka evite fè devwa m e m te ka pran enpe tan lib pou mwen.

Kidonk li te bay chak elèv yon vèsè e l te banm vèsè m te espere a. Se te Jan 4 :23. Lè m te etidye vèsè a men sa m panse l te vle di : « Men lè a gen pou vini, e l déjà la vrè adoratè yo pral adore BonDye an espri e an verite paske se jan de adoratè sa yo BonDye ap chache». Se pa vrèman sa l di, men se sa m te panse a ke l te di. M te tèlman kontan dèske m te jwenn vèsè m te vle a. M pat bezwen etidye l. Anfen, lè pa m nan te rive pou m te pataje revelasyon m nan devan klas la. M te panse, avèk konfyans, ke m te reyisi pataje sans vèsè a e m te jwenn konfimasyon an lè yon etidyan te vin kote m pita pou l te konplimante m.

Revelasyon m lan te sou « adore an espri e verite" paske m te konnen kisa adorasyon ye. Adorasyon, se lè lespri nou eseye sòti nan bouch nou e li se yon ekspresyon lanmou ak adorasyon total.

Ou pa bezwen reflechi, se jis yon koneksyon espirityèl. M dekouvri nou pa ka aprann adore.

Adorasyon se yon reyaksyon natirèl avèk prezans Li. Sa se adore an espwi e an verite ! e sa sete sam te pataje kòm revelasyon m nan pawòl sa.

Apre sa 8 tan pita, mwen dekouvri se sa vèsè sa vrèman di. Nan vèsè sa Jezi reyèlman di,

"Gen yon lè kap vini e li deja rive kote vrè adoratè yo ap adore Papa an espwi e an verite paske se tip de adoratè sa Papa ap chache."

Avan sa tout fokis adorasyonm te sou la pèson de Jezi sèlman. Tout kantik nou te konn chante nan jou sa yo, e menm konya fokis sou 'Jezi sèlman.' Nou te mete braslè nan ponyèt nou ki make WWJD ki se yon sig an anglè ki vle di (kisa Jezi ta fè ?) Nou chante,… its all about you Jesus, yon fason kanmèm mwen pa panse Jezi tap dakò avèk pawòl sa yo. mwen kwè ke Jezi tap di, an reyalite its all about my Father (Tout se papam).

Byen si se pa mal pouw adore Jezi. Enpe nan pi gran vèsè nan la bib sou adorasyon pale de la pèson de Jezi, partikilyeman nan apokalips, kote tout ansyen yo jete kouwòn yo atè devanl, yap leve Bondye anwo nan adorasyon. Men pwen mwen vle fè pase la se, jezi ki di pou kont li ke "vrè adoratè yo ap adore Papa an espri e an verite." Lè m te li sa mwen pat ka imajinem ap di "mwen adore, Papa" oubyen, mwen "renmen w, Papa." Mwen te etone deske pawòl sa te trè lwen fason mwen te ka wè ke Jezi te di pawòl sa yo. Mwen te kòmanse reyalize gen yon plas aktyèlman nan lavi nou!

Rezolisyon Jezi, e "Jezi sèlman te kòmanse chanje"

Pandan tout revelasyon kòmanse ap antre nan legliz la nan jou sa yo, nou kòmanse wè Papa ankò, gen moun ki gen difikilte ak menm pwoblèm sa e yo souvan fè kritik sa, "nou menm menm nou sanble nou jis al jwenn Papa dirèk san nou pa pase pa Jezi." Sèl chemen pouw jwenn Papa se atravè Jezi e se sèlman nan li nou ka gen yon relasyon avèk Papa.

Nou Nan Kris

Gen moun ki di souvan kontwovès yo komanse nan chante yo avan nou preche l. Mwen vrèman swete ke moun ki ekri chan kretyen yo te konsilte yon moun ki gen yon konpreyansyon biblik. Dè fwa kantik nou yo pa sa la bib anseye ditou, pa egzamp, gen yon ansyen chan ki pale de,… "mache ak Jezi, limyè le mond." Gen anpil chan ki pale de "mache avèk Jezi" men sa pa vrèman yon tèm biblik.

Nou pa mache ak Jezi. Nou nan Kris e Li nan nou. Lavi nou te vale nan lavi Li. Nou te batize nan li e kounyea, "se pa mwen kap viv men se kris kap viv nan mwen, e kounya mwen viv pa la fwa nan pitit Bondye a ki te renmenm e ki bay tèt li pou mwen." (Galat 2:20) Li vin devni lavi m. Lap viv anndan m e mwen nan Li. Mwen te vin batize nan li. Mwen pa fòseman ap mache avèl akote Li, men Li nan mwen e mwen nan li. Reyalite a se nou mache avèk Papa nan Kris. An reyalite se pa vrèman relasyon pam avèk Papa. Mwen vin antre nan relasyon Jezi avèk Papa.

Jezi Se Chemen Pou Mennenw A Papa

Atravè tout pwosesis sa mwen te kòmanse wè ke li aktyèlman biblik pou m genyen yon relasyon pèsonèl avèk Papa akoz kiyès Jezi ye e kiyès mwen ye nan Li.

Aprè mwen vin tonbe sou Jan chapit 14 e sa mande refleksyon paske gen yon bagay la ke nou souvan mal konprann. Mwen renmen vèsè yo kap pale de dènye jou yo avan Jezi te krisifye. Dapre obsèvasyon Jack Winter dènye pawòl yon moun lè l pwal mouri vo anpil atansyon.

Jezi kòmanse konsa,

« Pa kite bagay sa yo toumante nou. *Mete konfyans nou nan Bondye, mete konfyans nou nan mwen tou. Lakay Papa a gen anpil kote pou moun rete. Si se pa t vre, mwen pa ta di nou sa. Mwen pwal prepare yon plas pou nou. Lè m a fin pare plas la pou nou, m a tounen vin chache nou. Konsa, kote m ye se la nou ap ye tou.* » (v. 1-3).

Jezi te anonse ke l t ap pati epoutan disip yo te kontinye espere yon wayòm nan sans literal. Se te yon chòk pou yo paske Jezi t ap di yo : « M ap pati. M ap kite nou isit la ». Mwen imajine yo youn ap gade lòt e yap di : « Ou te konn sa ? Mwen menm, mwen vini e mwen swiv li paske m te panse l ta pwal met Women yo deyò ! Nou bal vi nou, abandone filè pèch nou. Nou ta pwal bati yon Wayòm tankou Maccabé yo e nou tap devni sòlda yon nouvo lame poun te ka brize opresyon e libere Izrayèl. De kisa l ap pale nou kounya ?

Men Jezi te di yo an gwo : « Non, m pral prepare yon plas pou nou men nou pap ka akonpanye m pou moman sa ». epi li kontinye : « Nou konn ki kote m pwale e nou konnen chemen an. » (Jan 14 :4)

M sonje moman m yo nan lekòl avèk trant lòt kamarad. Pafwa pwofesè a te konn eksplike yon bagay ke pyès moun pa t konprann, sepandan pèsòn pa t di anyen pou l pa t poze yon move kesyon pou l pa t parèt lèd. Mwen imajine disip yo te reyaji menm jan an lè Jezi di yo: "Nou konnen kote m pwale e nou konnen chemen an". Mwen imajine mesye sa yo chanje vizaj yo youn lòt pandan y ap panse ke: "Ou te konnen l? li te di w li? Li pa t dim sa! Èske m te absan jou sa a ? men de kisa Jezi ap pale la ? »

Mwen kwè ke tout te wont rekonèt an reyalite yo pa t konnen. Aprè sa, Thomas te fè yon remak pi e inosan : « Seyè, nou pa konn ki kote w pwale ; kijan n ap fè konn chemen an ? » M tèlman kontan Thomas te di sa paske si l pat fè l nou patap gen vèsè sa aprè ki se youn nan vèsè ki pi enpòtan nan Nouvo Testaman :

« Jezi di l : Se Mwen ki se chemen, verite ak lavi. Ou paka al jwenn Papa san w pa pase pa mwen ». (Jan 14:6)

Li t ap endike yo chemen an ak destinasyon an! Lè l di yo: "mwen pwal prepare yon plas pou nou e kote m ye a, n ap la tou", sa l t ap di yo an reyalite sè ke l ta pwal prepare yon plas pou yo nan kè Papa. Gade byen li pa : "… n ap kote m ap ye a.". Kidonk, li di yo: "n ap kote m ye a". Jezi te toujou ap viv etènèlman nan Papa e menm lè l te sou tè li te toujou ap viv nan li. Jan 1:18 di:

"Pèsòn pa janm wè BonDye; sèl pitit la, ki nan entimite Papa a, se li ki fè l konnen".

Gen yon tan k ap rive kote mond la ap tande sèlman sila yo ki nan sen Papa a, nan lanmou l. Paske se sèl kote sa a nou ka deklare e revele mond lan kiyès li ye vrèman. Revelasyon pitit la selon kè Papa a ap depase tout lòt pèspektiv krisyanis lan total kapital, paske se a pati de revelasyon sa ke legliz ap devni reprezantasyon konplè pitit BonDye a.

PAPA SE DESTINASYON AN

Jezi di, "mwen se chemen an, verite a e lavi, pèson pa ka vin jwenn papa si yo pase pa mwen," Jezi se chemen a destinasyon an. Destinasyon an se Papa. Aprè sa li ajoute fraz sa,

« Si w te vrèman konnen m, ou t ap konnen Papa m tou e depi kounya ou konnen Li e ou wè Li. »

Anpil moun pran pawòl sa yo e yo kwè ke si ou wè Jezi, siw gen yon eksperyans e yon vrè relasyon avèk Li, yo otomatikman gen yon relasyon avèk Papa. Yo kwè ke pa gen yon eksperyans apa de Papa aprè kontak ou avèk Jezi. Mwen te ka prèske kwè menm bagay la si pat pou vèsè 8 la, avèk kesyon Filip la,

« Filip di l, Senyè, moutre nou Papa e sa ap sifi pou nou. »

Sa Filip t ap di la se, "Jezi, mwen t ap veye w pandan 3 zan. Mwen ka wè w, men mwen paka wè Papa! Nou wè ou gen yon relasyon avèk Li men se ou menm sèlman nou ka wè. Moutre nou Papa! »

Jezi reponn,

Mwen te avèk ou pou tout tan sa e ou toujou pa konnen m, Filip? Sila yo ki wè m wè Papa, kòman fè ou ka di moutre m Papa? Ou pa kwè mwen nan Papa e Papa nan mwen ? Pawòl ke mwen di nou yo, mwen pa pale avèk otorite pa m men Papa ki abite nan mwen fè travay yo. Kwè ke mwen nan Papa e Papa nan mwen, osinon kwè mwen pou tèt sa m fè yo."

Li tap di Filip mirak yo, se te siy prezans Papa. Nan vèsè 7, Li di konsa, « Si w te vrèman konnen m, ou tap konnen Papa tou » vèsyon (NIV). Yon lòt fason pou l di, ou ka konnen m oubyen ou ka vrèman konnen m, e siw te konnen m vrèman ou tap wè Papa tou. »

A la verite, chè lektè, ou kapab gen yon relasyon avèk Jezi- malgre sa ou pa janm wè Papa.

SE JEZI KI OBLIJE REVELE PAPA A

M ta renmen eksplike l nan yon lòt fason. Jezi di yon lòt pawòl nan Matye 11:27. Li di,

" *Papa m te remèt tout bagay nan menm e pèson pa konnen Pitit la sof Papa, e Pèson pa konnen Papa sof Pitit la, e moun ke Li vle fè konnen l.*"

Pawòl sa yo te vrèman touche m kòm yon jèn, paske mwen te toujou panse lè yon moun sèl se lè li pa konnen pèsòn. Antouka mwen te dekouvri ke vrè definisyon sèl, se lè pèson pa konnen w. Lè w vin rekonèt pa gen moun ki vrèman konnen w pandan w twouve w vrèman sèl. Solitid brize lè w ka fè lòt moun konnen kijan sa ye pou viv tankou w.

Lè Jezi te di sa nan vèsè a, « Pèson pa konnen pitit la sof Papa », Li tap di se Bondye sèlman ki te konnen l. Jezi te pote solitid sa pou tout vil sou la tè. Menm manman l pat konprann Li. « Manman l te ap kalkile bagay sa yo nan kè l » men li pat vrèman konprann Li. Li di « Se sèlman Papa ki vrèman konnen m. » aprè sa Li vire fraz la, « Pèsòn pa konnen Papa sof Pitit la. »

Sa se youn nan rezon ki fè lidè jwif yo te fache avèl e yo te krisifye Li. Paske Jezi sa ki soti Nazarèt la te fè konnen ke Li te konnen Yahweh pi byen ke yo, plis ke elit relijye yo! Lidè relijye sa yo te pase tout vi yo nan tanp lan depi lè yo te ti jèn gason e jouk yo gran e yo te aprann tout sa ki te posib pou yo te aprann de Bondye! Yo te pase tout tan ap viv nan anviwonman ap memorize yon gran pòsyon ekriti yo, yap veye sou kò yo pou yo pa janm fè anyen ki mal, pou yo ka konnen Bondye e pou Li te ka aksepte yo.

Kounya pitit chapant sa, ke san dout yo te pran kòm yon Pitit deyò vin jwenn yo e ap di yo, malgre tout sa nou konnen yo nou pa Vrèman konnen Yahweh. Se sèl mwen menm ki konnen l. San dout yo te panse l te fou, awogan, oubyen dènye rebèl la. Li te kondane tout sistèm relijye jwif la lè li di se sèl li menm ki te byen konprann, e se sèl li ki te vrèman konnen Bondye.

E sal te di a se te sa. Yo te konnen de Bondye men li te konnen Bondye menm. Paske Li pat yon pitit Adan, peche pat separel avèk Bondye. Ezayi 59:2 di nou ke peche separe nou avèk Bondye men Jezi te fèt san peche! Li pat yon Pitit Adan. Li te soti dirèkteman nan Bondye menm nan vant Marie.

Kontak li avèk Bondye te otomatik pandan tout vi l. Chak fwa li t ap priye, li te wè Papa – Espri ak Espri. Li te oblije kanmenm mache pa la fwa, menm jan avèk nou, men li te gen yon koneksyon entim avèk Papa a. Li te sòti natirèlman nan sentespri sa vle di li te ranpli ak sentespri depi lè l te fèt.

Ebyen lè Jezi te di, « Pèson pa konnen Papa sof mwen menm, » Li tap di an verite, « Tout ras Jwif la ak sa yo ki te aprann de Li pat vrèman konnen l men mwen konnen l » Li bay prèv de verite sa atravè mirak avèk pawòl ke l te pale. Mirak ke Li te fè yo se te yon siy de prezans Papa, yo pat sèlman yon egzèsis de pouvwa e otorite Li. Mirak Li yo te montre reyalite lanmou Papa genyen pou nou.

Pandan lidè relijye yo tap boulvèsè akoz de pretansyon l ke se sèlman Li menm ki vrèman konnen Bondye, Li mete plis aksan sou deklarasyon l lan lè l di « Pèson pa konnen Papa sof Pitit la e moun ke Pitit La vle revele sa ». Sa l te vle di la se, « Mwen konnen Papa pa mwayen yon koneksyon pèsonèl ki relye m a li menm, e pèson pa konnen l jan m konnen l lan, men mwen kapab revele l a nou menm. Mwen kapab revele Papa a a moun ke m chwazi revele l la. « Papa oblije revele a nou menm pa Jezi!

SE YON REVELASYON

Gen yon revelasyon de Papa. Ou paka vin pou konnen Papa senpleman paske ou gen yon dezi pou sa. Ou paka vin konnen Papa paske ou konprann yon bagay nan ekriti yo oubyen ou kwè sa ekriti yo di. Papa oblije montre w atravè revelasyon, menm jan ou te oblije jwenn yon revelasyon de Jezi lè w te vin fèt yon dezyèm fwa.

Ou pat fèt yon dezyèm fwa pa fòs pa w. Pa gen anyen ou te fè pou te ka sove. Ou te reponn a inisyativ Bondye.

Repantans avèk lafwa pou kont yo pat koz ou fèt yon dezyèm fwa. Men, lè Bondye wè ke wap aji ak tout kèw, Li fè yon tranzaksyon fèt nan espri w k ap refèw pa anndan. Se pa paske ou kwè sa bib la di e ou eseye fè sa bib la di. Ou vin yon lòt kreyati pa manyè spirityèl. Gen bagay tou nèf ki fèt nan ou e ou pa menm moun nan ankò. Se travay Bondye nan Kè w. Sali se yon revelasyon reyèlman de Jezi e se Bondye ki bay revelasyon sa menm. Li montre nou Jezi.

Menm jan, batèm sentespwi se lè Sentespwi revele a espri pa w. Reyalite sentespri a, sibstans Li manifeste a pati ki pi fon de sa w ye nan espri ou, e sanzatann ou vin konnen Sentespwi a vrè. Nou rele sa « batèm sentespwi. »

Oubyen « ranpli ak sentespwi. » Men an reyalite se espri w ki ap jwenn yon revelasyon de sentespri ki nan ou an. Lè sa rive ou jwenn revelasyon e konesans de kèk verite ki vin jwenn ou otomatik.

Lè w rankontre Jezi nan Sali gen kèk verite ki antre anndan w sipènatirèlman e ou pa gen okenn dout ditou de grandè yo. Ou konnen ke Jezi te fèt de vyèj Marie. Kijan w fè konn sa? Pa mwayen revelasyon Senyè a, paske se sa Jezi ye. W ap konnen Li pa senpleman yon pitit Bondye. Li se Pitit Bondye a menm. E ou konnen san kesyon pa gen okenn lòt pitit apa de Jezi. Pati ki fon nan ou an te rankronte l e ou konnen reyalite sa san dout. Anpil moun mouri lanmò ki rèd anpil paske yo pat ka nye revelasyon e reyalite Jezi.

Batèm Sentespwi bay konesans ak revelasyon li ban nou pouvwa pou fè mirak. Samson te jete poto tanp lan. Elize te kouri depase cha yo ak cheval yo pou te ka retounen nan vil la. Lè espri Bondye vini sou yon moun, pisans vini sou li paske Espri Bondye manifeste pisans Bondye. Trinite a te pèsonèlman enplike nan kreyason inivè a. Papa te pran inisyativ la, Li pwononse pawòl la ki se Jezi e pisans Sentespwi te kreye, se te Trinite a ki t ap travay ansanm.

Siw pa ranpli ak sentespwi wap chache esplikasyon mirak ki ap diminye reyalite a, men lèw ranpli avèk Espri a sa diferan. Ou vrèman konnen paske ou te touche reyalite de sila ki gen pouvwa Bondye.

Revelasyon Papa

Konnen Papa se pa senpleman yon kesyon konnen yon tewoloji nan liv la, men Papa menm vin reyèl nan lespri w e lanmou l kòmanse revele nan ou. Lè Jezi di, « Pèsòn pa konnen Papa sof mwen menm e moun ke mwen vle revele l » lap pale yon revelasyon de Bondye Papa nou nan kè nou.

Lè sa fèt, Nou antre nan espas dimansyon kè a paske se nan kèw revelasyon vini. Mwen renmen sa paske li pa sèlman pou moun ki entèlektyèl yo avèk sila yo ki gen volonte ki ase fò pou yo fè sa yo dwe fè. An reyalite, anpil fwa bagay sa yo konn tounen obstak.

Mwen kwè Bondye ap vide yon revelasyon de Li menm kòm Papa nan yon fason li pat janm fè depi tan Apot yo. Tout objekktif krisyanis se poun konnen Papa e poun konnen l atravè revelasyon. Jezi se chemen pou al jwenn Papa. Revelsayon Papa a se destinasyon an.

CHAPIT 2

Poukisa Kè A Enpòtan

～

Kite m ankouraje w pou w kite Espri Bondye nouri espri w pandan w ap li liv sa. Dezi pam se pandan w ap li liv sa Bondye va fè yon travay nan kè ou. Sa se fokis mwen lè m ekri. Jeneralman Bondye pa vini pou l redoktrine espri w. Sal fè, an reyalite, se Li vini epi li chanje kè nou, paske lè kè w chanje ou vin yon lòt moun. San ou pa bezwen fè anyen ankò wap aji diferan e w ap yon lòt moun. Lè kè a chanje w ap otomatikman aji diferan.

Mwen asire m ke ou rekonèt bib la pa ekri tankou yon liv lekòl. Li pa gen yon lis sijè avèk lèt majiskil ni nan lòd. Bondye fè ekspre li ekri l yon jan pou moun ki gen je ak zorèy ka dekouri verite yo. Mwen te tande yon moun di yon lè Bondye renmen lè moun twouve l! Tankou yon papa k ap jwe ''jwèt kache'' avèk pitit li yo, Li planifye sa pou sèlman sila yo ki vini e pase tan avèk Li, avèk yon grangou pou yo jwenn Li, k ap dekouvri l.

Pandan n ap li bib la, n ap chèche l avèk tout kè nou, Li ap montre nou bagay ki gran e pisan ke nou pa t konn anyen de yo. Si nou rele l l ap reponn nou! Verite l yo kache pou yon moun ki senpleman ap obsève. Se sa k fè li pa ban nou pawòl li tankou yon liv lekòl pou moun k ap senpleman obsève ka dekouvri. Verite l kache nan mo ki parèt menm jan ak lòt yo.

Mwen dekouvri yon gran verite ki kache nan Pwovèb 4 :23. Li di, » Pase tout lòt bagay, veye byen lide k'ap travay nan tèt ou, paske se yo k'ap di jan pou ou viv. » Yon lòt tradiksyon di l konsa : « gade kèw ak tout dilijans paske kè a se sous lavi a. » Vèsè sa vin devni yon pwen santral pou ministè nou e mwen kwè ke se youn nan mesaj ki pi èpotan nan bib la. Bib la ranpli avèk gwo verite sa yo tankou « Bondye se lanmou, » oubyen « Bondye se yon Espwi. » Sa yo se gran tèm, gwo verite! Mwen vrèman kwè vèsè sa nan Pwovèb 4 se youn nan gwo verite yo nan krisyanis jodia, ke malerezman pifo kretyen souvan neglije.

Kè w se pati nan ou ki pi èpotan, e tout sa ou konnen, sa w fè eksperyans nan lavi a pase pa kè w. Fason ou entèprete lavi, fason ou entèprete evennman e jan yo afekte w, tout sa yo detèmine jan kè w ye. Verite a di panse w se pou ou-emosyon w se pou ou-volonte w se pou ou- menm kèw se ou!

Mwen ilistre konsa. Yon moun ka di yon bagay ak 2 moun an menm tan malgre sa youn nan moun yo ka entèprete sa l di a yon jan e lòt moun nan ka entèprete l yon lòt jan. Menm si moun kap pale a itilize menm mo yo, lap pale ak tou de an menm tan malgre sa pawòl li yo ka vle di 2 bagay diferan pou tou 2 moun kap tande l yo. Poukisa? Se paske kondisyon kè yo pa menm, e pawòl sa yo ka vle di 2 bagay diferan pou moun diferan. De moun ka resevwa menm pawòl la nan men yon moun e yo entèprete l diferan.

An verite ou te ka di nou tout ap viv nan yon mond diferan

paske kè nou chak kondisyone pou n wè lavi a diferan. Pa ekzanp lè yon ti gason te leve avèk yon papa ki vyolan tande mo "papa" kè l ap otomatikman fèmen pou pawòl sa. Li pap tande sa w ap di a. Men lè yon ti gason ki gen yon trè bon papa tande mo ''papa'' sa ap rapidman reveye santiman de konfò e sekirite nan li. De mond komplètman diferan.

Nou chak ap viv nan yon mond diferan senpleman akoz kè nou chanje e afekte atravè bagay nou viv. Anviwonman fanmi nou, kote nou te grandi nan mond lan, atitid, kilti, lekòl nou, nivo entelektyèl nou, kapasite atlèt nou, e diferan relasyon nou yo. Tout bagay sa yo gen yon efè sou fason nou wè lavi. E m gen dwa paka esplike sa ou panse, men ou wè lavi atravè kondisyon kè w.

Kijan Kè Nou Chanje

Lè nou vin kretyen nou vle chanje e vin plis tankou Jezi. Fason Bondye fè sa, answa, se pa atravè edikasyon espri w, oubyen pou motive w pou fè pi bon desizyon atravè detèminasyon moun. Malgre sa se konsa yo souvan prezante matirite kretyen pou nou. « Siw vle chanje, ebyen fòk ou fèl konsa. Fòk ou gen matririte. Fòk ou grandi. » Sa nou plis konprann de disip, jan yo souvan di nou ale konsa : « fòk ou fè sesi e fòk ou fè sela » e « fòk ou sispann fè sesi ak fòk ou sispann fè sela » oubyen ankò, ''fòk ou devlope abitid sa yo e devlope konpòtman sa pou ka chanje. »

Verite a se, menm si ou te ka kanpe tèt ou pou w pa fè yon seri de aksyon, sa pa chanje vrè ou menm paske se kè w ki fè w moun ou vrèman ye a! jan kè w te afekte atravè eksperyans lavi w detèmine moun ou ye nan moman sa.

Se pou rezon sa Pwovèb 4 :23 di,

« Gade kè w avèk tout dilijans, paske nan li tout pwoblèm lavi sòti. »

Tout sa w ye se akoz kondisyon kè w. Pètèt ou kapab chanje konpòtman w avèk dètèminasyon e avèk anpil volonte, men m kapab di w sa k ap pase. Petèt ou ka fè bon chwa yo e fè tout bagay jan ou dwe fè yo. Petèt ou kapab aprann souri yon bon souri e konpòte w tankou yon bon kretyen. Men yon jou yon bagay ap rive nan mond ou e w ap sanzatann tounen moun ou vrèman ye a, wap itilize mo ou konnen ou pa dwe itilize. Oubyen w ap tounen panse e trete moun nan fason ou konnen ki bon.

Nan yon moman anba gwo strès l ap sòti nan bouch ou. Ou ka menm di, « mwem dezole, sa se pa mwen menm. » Banm di w verite a… sa se vrèman ou. Paske, lè gen presyon, sa ki vrèman nan kè w ap sòti nan sa w di e fason ke ou di li. Lè tout bagay bèl e alèz ou ka pale ak lide w e konenn ki sa ki bon pou w di, men lè gen presyon wap pale e aji atravè vrè kondisyon kè w. chanje aksyon pap chanje moun ou ye a vrèman. Vrè chanjman dirab la se yon chanjman kè.

Gras a Dye, Bondye patisipe nan chanje kè nou. Mwen renmen fraz sa; se yon verite mèvèye. *Lè Bondye chanje kè w, pati sa nan ou ap otomatikman akonpli tout sa Bondye mande w. Wap otomatikman ye sa yon kretyen dwe ye san ou pa panse de sa, paske sa ap soti nan kèw.*

Nan ministè Fatherheart nan Norvèj, nou gen yon koup mevèye ki rele Olav ak Unni. Yo te sove (konvèti) nan lane 1970 yo e enpak yo nan vil Norway te remakab. 3 ka jèn moun nan vil la te vin kretyen. Sa gen anviwon 10 zan depi lè nou te rankronte yo premye fwa lè sa nou t ap sèvi nan legliz yo a e lanmou Papa te afekte yo anpil. Tout efò Olav te konn fè pou l yon "bon kretyen, pou l yon bon Pastè", te kanpe lè l te eksperimante lanmou Papa e te antre nan repo. Lanmou Papa a te transfòme lavi yo.

Olav ak Unni konn fè yon bon kantite ministè nan Peyi Kenya. Pandan y ap sòti nan reyinyon yon aprè midi an Nairobi, 9 jèn gason aproche yo agresivman, bat yo byen bat e volè tout sa yo te genyen. Yo kite yo kouche nan mitan wout tè a nan yon vye zòn nan Nairobi. Lè yo te vin leve atè a, Unni te vrèman rejwi dèske yo pa t pran bag maryaj li men tout lòt bagay yo te pèdi. Yo te sèlman rale atè a pou al jwenn lòt, Men pandan yo kòmanse priye pou moun ki te atake yo yo tou lè 2 te tèlman ranpli ak lanmou pou mesye sa yo ki te bat yo a! Sa te etone yo. Lanmou te jis koule sòti nan yo. Yo pa ka panse lòt bagay ke, "Bèl gason sa yo, Senyè ede yo e renmen yo". Yo se bèl jèn gason. Bondye beni yo." Tout lanmou sa te sòti nan kè yo. Eksperyans sa te konvenk yo de reyalite lanmou absoli Papa, paske lanmou sa te koule sòti nan kè yo san okenn efò ditou. Yo pat oblije padone moun ki te atake yo paske yo vin dekouvri yo posede yon bagay ki pi gran. Yo te posede yon lanmou pwofon pou ennmi yo.

Se sa kè yon vrè kretyen dwe ye! se pa yon kesyon, "fòk mwen padone yo." Oubyen," mwen konnen sa ki bon pou fè se padone yo." Pou Olav ak Unni se te yon gran ekspresyon de sa ki te deja nan kè yo. Yo pat oblije poze tèt yo kesyon kisa ki bon pou n ta fè nan sitiyasyon sa? Menm kalite kè Jezi t ap montre te otomatikman nan yo!

Lè Bondye chanje kè w, wap vin otomatikman diferan.

Krisyanis se pa yon kesyon aprann kijan pou w aji e atravè detèminasyon moun wap esye fè l. Mwen vrèman kwè, ke nou dwe reziste fè peche ak tout detèminasyon nou, men se pa fè peche ki fè nou sanble ak kris. Fòk nou reyalize ke se sèlman Bondye ki ka chanje kè nou pou nou sanble ak Kris. Lè Li chanje ou, wap vin otomatikman diferan san ou pa menm panse de sa.

Fòk nou konprann ke krisyanis ede tèt li. Lè w ap viv yon vi kretyen l ap fè w tounen tout Sa yon kretyen kapab e dwe ye. Se pa ou menm ki ap fèl. Se pa efò ou, disiplin ou. Si ou devlope yon vi ki sanble ak yon vi kretyen, avèk efò pa w, wap pran glwa pou ou. Se sèlman lè Bondye chanje w pou kont li w ap ba Li tout glwa. Bondye travay nan kè nou pou chanje sa nou ye a, aprè sa tout konpòtman nou ak fason nou panse chanje otomatikman poun menm jan ak moun ki chanje nou an.

Sikatris

Si w te blese anpil nan vi w gen yon maleng nan kè w e l ap rete jiskaske Bondye geri l. Tout tan maleng lan la gen yon pati nan ou ki pap nòmal yon fason oubyen yon lòt e l pap fonksyone jan l ta dwe fonksyone a.

Lè m te gen 9 an m te tonbe sou bekann mwen an e mwen gen yon sikatris ki rete kote gidon wouye a te koupe po m. Mwen pat sispann kriye. Lè m te rantre lakay mwen m te wè jenou m fann. Pandan manman m t ap netwaye l papa m te gade l e l te di : « W ap gen sikatris sa pandan tout vi w ! ». Sikatris lan toujou la jodia e li tou piti. Ou konn poukisa ? Jenou m grandi ! epoutan, sikatris la kenbe menm gwosè a paske sikatris la pa grandi. Lè kè w gen yon sikatris ladann pati sa nan ou pa grandi men l rete nan stad timoun. Se sa k fè anpil nan nou pafwa fè reyaksyon timoun nou pa renmen. Nou deside ke n ap reyaji diferan yon pwochen fwa men an verite nou reyaji menm jan an ! Espesyalite Bondye se geri sikatris ki nan kè w yo! Lè l geri yon sikatris nan kè w, pati sa nan ou ap vin grandi e ap vin gen matirite. E an plis, sa pa pran lontan pou l grandi! Erezman Bondye geri nou rapid!

Lè kè w te neglije oubyen l pat jwenn afeksyon l te bezwen an, ke l te brize oubyen blese, ebyen pati sa nan kè w rete make jiskaske Bondye geri l. Travay Bondye se geri kè nou e l fè sa pandan l ap vide lanmou konsolatè l lan nan li.

Kè W, Se Ou Menm !

Lè w blese nan kè w, se pati ki pi pwofon nan ou a ki blese. Poukisa? Paske kè w pa pou ou! Kè w, se ou menm! Kapasite w genyen pou w fè chwa se yon kapasite w genyen paske volonte w se pou ou. Ou kapab dirije volonte w jan w vle a. Ou pa panse w paske w ka chanje panse w. Ou ka deside pou w panse yon lòt jan. Kidonk, panse w se pa ou menm paske w ka kontwole sa w panse. Ou kapab edike panse w plizyè fason. Ou ka konnen yon bagay pa bon men w deside kwè yon lòt bagay. Ou kapab dirije panse w. Panse w se pa ou menm : li pou ou.

Se menm bagay avèk emosyon w. Emosyon w se pou ou men l pa defini kiyès ou ye. Anpil moun pyeje nan panse sa emosyon yo se yo menm. Lè yo santi yo tris, ebyen tout mond lan tris. Si okontrè, yo kontan ebyen vi an manyifik. Si yo deprime, ebyen yo wè mond lan kòm yon kote ki tèt anba. Santiman w yo ak emosyon w yo se pou ou men se pa sa w ye vrèman. Se pa paske w santi bagay yo yon fason ke yo konsa vre.

Panse w se pou ou, volonte w se pou ou, santiman w se pou ou. Kè w, se ou.

Lanmou Ki Geri A

Lè BonDye transfòme kè w ou kòmanse renmen sa Bondye renmen. Ou kòmanse santi sa Bondye santi. Ou kòmanse panse jan Bondye panse. Ou kòmanse fè sa Bondye fè ! otomatikman !

Kidonk liv sa pa la pou l edike w men pito pou ke BonDye vin nan kè w pou l geri l e pou l vide lanmou l. konsa li chanje kè w pou l ka vin tankou pa l la.

Nouvèl ekstraòdinè, lè lanmou vini, tout sa ki te deranje nan ou a koz de mank lanmou chanje. Pafwa m renmen itilize mo « dedamou », ki petèt pa yon vrè mo men li dekri reyalite a trè byen. Tèlman gen bagay nan mond sa ke nou konnen e ki pa sòti nan lanmou. Ou kapab petèt fè anpil eksperyans tromatizan de dedamou ki fè twou nan fondasyon vi w. Chak eksperyans dedamour se tankou yon eksplozyon nan pati ki pi pwofon nan ou. Lè Bondye vide lanmou l nan fondasyon sa, twou yo otomatikman ranpli an premye. Lanmou l vin konble twou yo ak tromatis yo nan vi w e kòmanse restore w.

Men, anpil nan nou pa konprann sa. Nan pifò tan ministè k ap konseye nou yo sa ki enpòtan se te fè dyagnostik blesi nan vi yon moun pandan n ap eseye idantifye ak izole insidan ki te koz li blese a. Alòs, nou te priye pou chak ensidan, nou te mande Bondye fè entèvansyon l e BonDye te reponn ak priyè nou yo pandan l vide lanmou reparatè l la. Kidonk sa te mache ! Sa m dekouvri kounya, pa kont, sè ke si w kapab ouvri kè w e w kite lanmou Papa antre, l ap ranpli tout twou yo ! Ou pa p bezwen idantifye yo ankò. Li vin anvayi tout, otomatikman ! Ebyen si nou jwenn kle ki ede nou chak louvri kè nou pou lanmou Papa antre, e ke lanmou sa kontinye vide nan kè nou, ebyen n ap geri ke w vle ke w pa vle!

Ou wè, lanmou Papa devèse nan kè w e se la ou rankontre l. Fwa pase yo m te panse ministè a pa t anyen ke sa. Nou te panse ke mesaj Kè Papa Bondye a te gen objektif geri moun nan fason emosyonèl. Men m dekouvri ke gerizon kè a se kòmansman pou w konnen Papa. Lè lanmou l vini li geri kè nou. Si nou kite kè nou louvri nou kapab devni pitit gason ak pitit fi ki gen relasyon avèk Papa a e grandi nan konesans ak eksperyans lanmou l.

Kle a se louvri kè nou tout bon. M pa konn kijan pou m louvri kè m. M pa gen okenn ide de kòman sa fèt. M te byen renmen konnen l. Men sa m ka fè se desann mwen devan Bondye e di l : « Bondye si w vle fè yon bagay, kèlkeswa sa l ye a, mwen dakò. Menm si sa fè m mal, fè l kanmenm. Papa mwen kwè ke w se yon Dye ki bon ou pap fè m mal. Mwen kapab abandone m a ou menm. Mwen ka fè w konfyans paske w bon ».

Anpil nan nou gen kèk rezon pou n pa fè moun ki nan vi nou konfyans. Pa gen okenn rezon pou n pa fè Bondye konfyans. Gen moun ki di : « Se Bondye ki fè sa rive nan vi m ». Men Bondye pa janm fè anyen ki mal ak okenn lòt moun ! Li pa janm fè sa ! Se sèl bon bagay li fè. Li pa ka peche. Kidonk nou pa gen okenn rezon pou nou gen pwoblèm avèl oubyen padone l pou yon bagay nou ta gen enpresyon li fè. Nou ka panse l fè yon bagay ki mal men se pa sa vre. Menm si nou toujou pa konprann sa ki rive nan vi nou, verite a se Bondye toujou bon e sèlman bon !

Pandan w ap li liv sa mwen envite w a abandone kè w a li menm, nan mezi ke w kapab. Ou ka di : « Papa men mwen, pou nenpòt sa w vle fè a ». Petèt w ap li sa avèk pwòp atant ou men m ta pito ke atant Bondye yo reyalize olye de pa w yo. Ou ka di : « Papa mwen la pou sa w vle pou mwen an, non pa pou reponn ak atant mwen yo ».

Li jis bon. Nou ka fè l konfyans.

CHAPIT 3

Padone Avèk Kè W

∼

Lè Jezi te mouri sou kwa a, Li di, « tout akonpli! » tout sa Bondye ka fè pou nou li fèt deja. Tout sa Bondye gen nan kè Li pou nou Li ba nou yo. Kounya nou antre nan reyalizasyon tout sa Li fè yo. Sa Jezi te akonpli sou la kwa ap vin reyèl nan pwòp eksperyans nou. Pwosesis kwasans kretyen an se lè mwen menm avèw antre nan reyalite sa Li te fè deja. Bondye pa bezwen fè anyen ankò. Kris te fè tout. Poukisa nou paka antre antyèman nan sa? Nan 2 lòt chapit yo mwen vle eksplore repons lan pou sa.

LI DEJA AP RENMEN NOU

Nan tout revelsayon lanmou Papa sa, pwoblèm nan se pa ke n ap esye fè Papa vide lanmou l nan kè nou. Lanmou Li ap vide sou nou kontinyèlman tankou lapli chak moman. Kesyon an se, « poukisa m pa viv sa plis? Poukisa sa pa reyèl pou mwen? »

Rezon pwensipal n ap konfronte se gen yon blokaj ki enpeche

nou viv reyalite sa. Pandan n ap debarase nou de blokaj sa yo lanmou l pou nou ap vin pi reyèl nan eksperyans nou. Chan tèm revèy Galwa se te yon bèl chan, « Men lanmou laj tankou oseyan, byenveyans tankou yon inondasyon. » Lanmou Bondye se tankou yon oseyan. M konnen kijan oseyan ye.

Li pran prèske 12 zèd tan nan avyon sòti Nouvèl Zeland pou al Los Angeles e prèske pa gen anyen antre yo sèlman lanmè. Nou fèk kòmanse ap mete prent zòtèy nou nan lanmou Papa.

Lè nou antre nan eksperyans kontinyèl Bondye kap renmen nou, sa ap chanje pèsonalite nou. Sa chanje lavi nou e transfòme nou an imaj Jezi. Se Lanmou an menm ki tranfome nou. Kle pou grandi tankou yon kretyen se debarase n de bagay ki anpeche nou viv reyalite lanmou Li. Sa se verite ki pi senp e an menm tan ki pi pwofon.

Krisyanis Jwenn Enèjil Nan Li Menm

Krisyanis jwenn enèjil nan li menm anndan kou deyò. Si w ap viv vrè krisyanis lan l ap kreye yon kretyen nan ou, l ap transfòme w pou w devni tout sa Jezi ye. Ou pa bezwen fè anyen pou sa fèt. Si ou pap transfòme an imaj Jezi, reyalite a se ou pap eksperimante krisyanis lan vrèman. Esans krisyanis se senpleman sa: Jezi mouri sou la kwa pou l rekonsilye nou ak Bondye, pou nou kapab antre nan relasyon avèk Papa Li e viv nan eksperyans Papa ki renmen nou kontinyèlman. Krisyanis enfiniman plis ke yon konesans konsepsyonèl ke Bondye renmen ou. Se yon eksperans aktyèl l ap renmen nou chak minit nan chak jou. Diferans ki gen ant 2 reyalite sa yo laj anpil. Menm satan konnen ke Bondye renmen w. Sa se pa lafwa; se jis yon bon doktrin. Lafwa se lè ou konnen Li renmen w kontinyèlman. Si ou pap viv sa se akoz de blokaj ki nan kè w. Lè blokaj yo deplase l ap tankou syèl la ki ouvè.

Ou kapab konpare krisyanis ak yon moun ki eritye yon pakèt lajan yon moun mouri kite pou li, men li pa konn sa. Sa gen kèk ane depi media Nouvèl Zeland te rapòte yon istwa de yon nonm ki te eritye yon gwo sòm lajan nan men yon fanmi lwen an Amerik disid ke li pat janm konnen. Ekzekitè a te oblije pran kèk ane anvan li te vin jwenn ke se sèl manb fanmi ki te vivan toujou e Li te pouswiv li jouk li jwenn li. Li te eritye yon gran valè de 13 milya dola.

Imajine sa. Yon bon jou yon avoka rele l sou tèlefon, pran yon randevou avèl. Li al jwenn li nan reyinyon an e li aprann vas kòb sa se pou li antyèman. Sa se yon etonnman! Kisa ou panse li t ap fè nan demen? Sa tap chanje lavi li totalman e an pèmanans. Ou ka pase anpil tan ap imajine ki sa li tap fè e kijan Lavi l tap chanje.

Verite a chè lektè se ezakteman jan krisyanis ye. Atravè lanmò e rezireksyon Jezi nou vinn jwenn yon gran eritaj. Anpil nan nou gen sèlman yon ti kras ide de kisa sa vrèman ye, men nou ap aprann li. N ap dekouvri kisa sa vle di « nou sove » an verite. Li vrèman plis ke ou jwenn yon tikè pou ale nan syèl, ap viv byen avèk pwochen nou yo, nou se yon bon patwon oubyen yon bon travayè, ale legliz souvan, oubyen ou menm gen yon ministè nan legliz la. Anpil moun panse ke sa se totalman krisyanis lan! Kite m di w, krisyanis yon ti kras pi gwo ke sa!

Krisyanis se tout yon afè de mwen menm avèw kap devni menm jan ak Jezi! Se sa ki bi a. Pou nou viv yon vi an etènite konfòme ak lavi Jezi ap viv nan letènite a. Sa depase sa nou kapab imajine! Krisyanis se yon gran bagay e nou te eritye yon gran gran kantite. Sila ki te yon kretyen pou 5 minit pa eritye mwens ke sila ki te kretyen pandan 85 lane. Sa ki te yon kretyen pi lontan plis ka konprann sa eritaj la ye, men nou tout jwenn menm bagay.

Einstein te di yon lè, « ou pa vrèman konnen sa w paka eksplike grann ou ». Mwen vrèman renmen sa, paske lè w vrèman konnen yon bagay li vin senp pou ou. Sa m ap pale la pa konplike. Papa renmen nou e sa chanje moun nou ye. Pandan n ap konnen lanmou sa, n ap viv lanmou sa, e mache nan lanmou sa, sa transfòme nou an imaj senyè a. Enbyen mwen vle pale w de enpe nan bagay ki te yon blokaj nan pwòp lavi pa m e moutre w chemen Senyè a te menmen m pou m rive la.

Yon Mirak Ki Pa Konfòtab

Nou te premye rankrontre Jack Winter an Nouvèl Zelann nan ane 1976 lè li te envite nou poun ka fè pati ministè l nan ozetazini, ki te rele (Daystar Ministries). Nou te ale la an Septanm 1978, nou pran avyon poun antre an Los Angeles ki te vrèman fè cho, aprè pou n antre Indianapolis. Nou te antre avèk yon bò tikè, mwen di sete yon mirak Bondye fè paske pou w antre ozetazini kòm yon moun ki pap rete lontan fòk ou bay prèv yon tikè de retou. Dorothy Winter te vin chèche nou nan èpòt la, e nou te ale nan sant ministè yo an Martinsville, Indiana. Se la nou te kòmanse tande pale de lanmou Papa.

Mwen te gen yon gwo pwoblèm. Mwen pat vrèman santi mwen chwazi pou yon ministè lanmou. Mwen te yon òm de Dye, m pat yon mòlòlò. Bagay "lanmou sa" vrèman pat pou mwen. Pou mwen menm, ministè se pou w "yon enstriman file" avèk pawòl ki ka pèse pisans mechanste, e fè demon mete ajenou. Lè m te rive nan sant minsitè Jack la, avèk Denise e 3 timoun yo, mwen te dezole lè m te vin dekouvri li te tout yon sijè "lanmou sa." Mwen te pè paske m panse nou te fè yon gran erè men nou pat ka tounen paske tikè avyon nou an se te yon bò tikè l te ye. Bondye te gen bi li nan mitan mal alèz mwen an.

Nou te blokle la, e aprè yon ti tan mwen kòmanse panse ak kisa m ka fè pou tan map pase a vin yon bon moman. Aprè, mwen t ap pale avèk youn nan entèsesè yo yon jou, mwen gade nan je l e mwen te ka wè ke li vrèman konnen kijan pou l priye. Mwen te panse nan tèt mwen, ''mwen pa gen okenn ide kijan poum priye men li vrèman kapab.'' Ebyen mwen deside la ke map eseye aprann.

AP APRANN PRIYE TANKOU YON VRÈ GASON

Mwen te vrèman motive pa yon istwa nan liv Travay kote Pyè te sou do yon kay la bib la di pandan li t ap priye, li vin grangou. Mwen te panse, ''konbyen tan li pran pou yon moun vin grangou?'' Sa ka pran omwen kèk è de tan. Mwen te konparem avèk Pyè nan sans ke li te yon nonm djanm ki te konn travay di. Yon gason ki gen men di ak yon figi di. Li te yon moun ki te konn pase tan l deyò menm jan avèm. Tip de moun lè bagay yo pa bon li pase strès li nan travay li. Li te al peche pwason aprè Jezi te mouri. Li pat kouri antre anba kabann li pou l al kriye oubyen fèmen tèt li yon kote pou l li powèm. Mwen renmen powèm e mwen ekri kèk powèm men se travayè ki te nan Pyè mwen idantifye plis avè l. Men mwen te di tou. Mwen te konn pase anpil tan nan lavim nan montay yo kòm yon chasè pwofesyonèl apresa m travay kòm yon konstriktè lè m te vin marye avèk Denise.

Enbyen mwen te ka idantifye m avèk nonm di sa, Pyè. Menm yon moun ki pase tan l deyo, aktif, e ki travay di tankou li aprann kijan poul gen enèji pou vi priyè l. Dèfwa nou panse ke li pi fasfil pou moun ki apa yo oubyen yon entèlektyèl pou priye avèk andirans men la nou gen Pyè kap priye jouk li te vin grangou. Sa te banm yon gwo defi.

Yon lòt karaktè nan la bib ki banm defi ankò se Eli ki te

asireman yon nonm di tou. Yo dekri l kòm yon moun ki gen yon "fontenn tankou fè." Se pa nenpòt ki moun ki te ka fè sa l te fè yo. Si Eli antre nan sal kote nou ye nou te ka pè gade l nan je. Sa ki ki te atire m (nan 2 Wa 1:9) li te chita sou yon mòn. Sa moutrem ke li te gen yon vi priyè. Li te konnen kijan poul jis chita ak Bondye.

Sa te yon defi pou mwen mwen pat ka priye pou anpil tan. Enbyen mwen te vle aprann priye. Objektif mwen se te pou m vin menm jan avèk youn nan pèsonaj sa yo ki enspirem anpil pandan moman lekti m yo. Anba lakay kote nou te rete a te gen yon bèl ti chapèl ki te dekore antyèman ak koulè vèt, enbyen mwen te deside mwen te ka pase yon ti tan la chak samdi maten lè pa gen lòt moun la. Mwen te planifye pou fèmen pòt la, rete la e priye pou mezi tan mwen te kapab.

Avan pwochen samdi an te preske rive mwen tap reflechi yon lis bagay mwen te ka priye pou yo. Mwen mobilize tout sa ki kapab gen rapò ak priyè pou sa te ka dire pi lontan. Mwen te deside sim ta distrè nan priyè a mwen pa tap kondane tèt mwen pou sa men m jis tap fokis panse m yo. Mwen te an pè avèk ide mwen pa tap pral mande padon pou frajilite imen mwen men mwen tap jis kontinye nan lis demand mwen yo. Samdi pwochen nan maten mwen fèmen tèt mwen nan chapèl la e priye pou tout sa ki te vin nan lespwim.

M priye an lang, an anglè, an chante, fas atè, kouche sou do, m priye pandan map kouri anndan chanm nan. M priye pou mezi tan m te kapab, m priye pi lan ke posib poum te ka fè priyè a dire plis tan. M te gen bib mwen avèm men m te la pou m te priye se pa pou m te li bib la. Aprè yon tan ki sanble yon etènite, se tankou miray yo tap fèmen sou mwen. Mwen te nwi e m te kòmanse santi m pat ka enspire andan. Mwen kouri jwenn pòt la e ale nan koridò a. Mwen gade mont mwen li te 6:20 am. Mwen te kòmanse priye a 6:00 am.

Mwen pa yon moun ki konn bay vag fasil. Sa se te reyalite aprann priye. Pandan rès semèn nan mwen reflechi ak lòt bagay pou m te ka priye pou yo. Mwen tap ale la ankò nan Samdi pwochen paske mwen te deside pou m ale chak Samdi. Samdi pwochen mwen fè menm pwosesis la, priye pou tout sa ki pase nan tèt mwen, pi lan ke posib, an lang, an anglè, an chante, kanpe, chita, pandan map kouri. Mwen eseye tout metòd priyè posib. Finalman maten sa lè m pat ka sipòte ankò e m te soti deyò pòt la… mwen te rete la pou 25 minit. Mwen te panse mwen fè progrè men poutan li t ap pran plis tan avan map ka chita sou yon mòn pou plizyè jou tankou Eli te fè! Mwen sètènman pat vin grangou tankou Pyè.

Mwen kontinye ale nan chapèl la chak Samdi maten. Li te yon travay difisil men mwen pèsevere paske mwen te panse si lòt moun sa yo te ka fè sa mwen ka fèl tou. Mwen te vle poum yon òm de Dye e mwen tap fè tout sa m te kapab pou m devni yon nonm de Dye.

Yon jou yon bagay te rive. Pandan m tap priye prezans Bondye antre nan chanm nan yon sèl kou. Mwen te santi prezans Li anpil, anpil fwa deja men mwen pat janm santi l nan nivo sa lè m te pou kont mwen. Mwen te viv prezans Bondye ak pisans pandan m nan reyinyon ak lòt moun, men se pa t janm lèm te pou kont mwen. Sa te trè mèveye. Lè prezans li te vini, premye panse m se te poum pa fè anyen ki te ka koz Li kite chanm nan. M te gen bib mwen nan men m e mwen te trè kontan ouvri l. Mwen pat mande anyen m panse te sanble egoyis oubyen gen yon motif dèyè l. Mwen jis te kanpe la devan l e m te sèlman fè sa m te santi ki tap totalman konfòtab avèk prezans Li. Aprè yon ti tan prezans Li te ale. Li ale tankou bouya nan mòn yo. Mwen vin reyalize mwen te chita la pou kont mwen. Li te ale. Mwen gade mont mwen. Plis ke yon èd tan te pase e li te tankou 5 minit. Mwen potko rekonèt sa men mwen tap aprann se pa sèlman sekrè priyè, men sekrè vi kretyen an.

Tout vi kretyen an vrèman fokis sou yon sèl bagay. Grenn bagay sa se pou w jwenn prezans Li e rete la, pou w aprann pou w viv avèk yon konsyans reyèl de prezans Li avèk ou. Chak tan mwen te ale nan chapèl la aprè jou sa mwen tap chèche prezans Li. Dèfwa li vini dèfwa li pa vini, men li vini plis e souvan.

Apresa yon jou mwen tap priye yon bagay rive ki chanje tout bagay. Se te dènye fwa mwen te ale la. Prezans Li te vini e mwen te avèk Li. Kounya priyèm yo te kòmanse dire 3 zè ou 4 è de tan. Mwen tap mache anndan chapèl la avèk bib mwen ouvè nan men m. Padan m rive nan mi an e map vire tounen, menm moman Senyè a pale avèm.

Moman sa te afekte sam ye jodia. Plis ke sa, e sa m pat konnen nan moman, li enpakte lavi milye de moun. Bondye te pale avèm yon fason trè difisil. Li poze m yon kesyon ki souke tout anndan m. Kesyon sa te gen 5 mo men li te enplike plis ke sa. Sonje mwen tap poze tèt mwen anpil kesyon sou kijan m te ka resevwa lanmou Papa. Li te pale avèm yon fason trè klè, mwen te santi prezans Li nan fason trè fò. Yon sèl kou m santim tankou mwen te anba yon limyè pwojektè. M te santi tankou Li tap gade m avèk anpil atansyon pou l te wè koman m tap reponn avèk kesyon Li an.

Nan yon fason mwen te konnen ke li te ka wè kisa mwen tap panse e kisa mwen te santi. Tout reyaksyon anndan te parèt klè pou Li. Mwen te pè pandan mwen te anba ekzaminasyon Senyè a. Li te tankou yon limyè pwojektè avèk yon radyografi. Ebre 4:13 di konsa, *"anyen paka kache pou Bondye. Tout bagay nan kreyasyon Bondye a aklè konsa devan je l', san anyen pa kouvri yo. Nou menm tou, nou gen pou nou rann Li kont pou tout sa nou fè."* Mwen te pran konsyans de reyalite vèsè sa e sa te fè m pè. Mwen te ekspoze anba rega pafè Li. Mwen te la, kanpe, ap chache kòman m te ka reponn kesyon sa. Li te trè fasil pou konprann men trè difisil pou jere l.

Li te senpleman di m, « *james, pitit gason kiyès ou ye?* »

Si l te poze m yon kesyon ki te yon ti jan diferan, oubyen si l te mete l nan yon lòt sans, mwen te kapab reponn li fasil. Si l te di m, « james kiyès ki papa w? » mwen te ka di l, « Bruce Jordan ki papam. » Pa gen dout nan sa. Bruce se papa m. E mwen te ka senpleman reponn, « se Bruce ». « Bruce Jordan se papam! » Men Li pat mande m kiyès ki papa m – Li mande m pitit kiyès mwen ye. E mwen pran konsyans trè trè lontan ke mwen te sispann yon pitit gason pou papa m.

Fèmen Kè M Pou Papa M

Mwen raple m de yon sitiyasyon trè byen, lè m te gen 10 zan : mwen te chita kay yon kwafè pou m te fè cheve m. Mwen te chita ak men m sou manch chèz woulèt ki fèt ak kwi a. Chak moun nan vil la te gen o mwen yon fizi pou al la chas ak pou konkou tire ki te konn fèt souvan. Kwafè a sete chasè ki te pi renome nan vil la. Li te konn ale nan kolin yo ak zam li sèlman, san anyen ankò, yon lèn pou l domi, yon sachè farin ak enpe diri ak enpe sèl pou l te ka manje, e li te konn ale pou plizyè sèmen. Manman m, poutan, se moun ki te konn tire bi byen. Li te yon veritab « Annie Oskley ». li te konn soti al tire lapen e l te konn vinn ak swasant a katrevendis lapen nan yon sèl aprè midi, yo tout avèk yon bal nan tèt. Mwen toujou gen fizi l la toujou.

Pandan l t ap koupe cheve m, yon lòt mesye antre e tap pale avè l. « Kòman dènye sòti chas sèf la te pase? », kwafè a mande l .... Mesye a te di yon bagay ki te chanje vi m. li te eksplike ke sòti l la pat pote fwi paske te gen chasè ke gouvènman te peye ki te fò pase e yo pa t kite anpil sèf pou m te chase. Chasè sa yo gouvènman te anplwaye yo pou yo te viv sou montay yo pou tire sèf yo. Se sa sèlman yo te fè, rete nan abri yo epi dòmi anba wòch yo. Lè m te tande sa, rapid m vin konprann chasè gouvènman yo te pi fò nan chas ke meyè chasè vil la paske yo te tiye tout sèf yo e yo pa t kite anyen pou lòt chasè yo. Depi lè sa, sèl sa m te vle se te viv pou kont mwen nan mòn yo e tire sèf pou gouvèman an.

Mwen renmen montay yo men sa ki vrèman atire m se yon sans libète mòd vi sa pwomèt. M te vin aprann moun te ka blese m e m te panse si m te ka viv san moun m t ap viv san doulè. Yon gran pati nan doulè m te lye avèk papa m. Lè m te tande pale de chasè gouvènman yo, mwen te abandone tout efò m te ka fè lekòl. A chak fwa ke yo bay kanè, pwofesè yo di paran m : « James gen plis kapasite nan sal la men l pa itilize yo ». M te ka debwouye m ak pase egzamen m yo san m pa t pase anpil tan lekòl la. Kidonk, m te pase plis tan posib deyò ke nan lekòl la. M te fè efò ki te nesesè annatandan ke m te gen 18 an pou m te ka gen ase laj pou m devni yon chasè sèf. Epoutan, yo te menm banm pèmisyon pou m te kòmanse a 17 an. Papa m te tèlman blese m e ke m te fèmen kè m sou li menm anvan m te gen 10 zan e depi lè sa m te sispann yon pitit pou li.

Kounya, lè Senyè a t ap konfronte m ak kesyon sa: « James, pitit kiyès ou ye ? » M te gentan konnen l t ap tann yon non. Kesyon a te klè : « James, pitit kiyès ou ye ? ban m yon non ! »

Premye bagay m te panse pou m te di l se te : « Mwen se pitit Bruce Jordan ». Sepandan, m reyalize vit ke m pa t ka reponn konsa paske l t ap egzamine kè m epi l te konnen m pa t yon pitit pou papa m.

Kesyon an reveye kèk bagay pwofon nan mwen. Pandan mwa avan yo m te li levanjil Jan an e m te touche de sa Jezi t ap di konsènan relasyon l avèk papa l. Mwen te soulinye tout sa l te di. Kèk fraz tankou : « Mwen pran plezi nan fè volonte w », oubyen

« Mwen gen yon manje pou m manje ke w pa konnen. Manje m se fè volonte papa m epi pou m akonpli travay li ». Mwen reyalize rapidman fè volonte papa l te yon gran satifaksyon pou li ki fè dèfwa li pa t menm santi l te grangou fizikman. E lè m te repanse ak pwòp relasyon m ak papa m m te kòmanse wè se te konplètman diferan. M te konprann ke sa Senyè a te mande m reyèlman se te : « James pou kiyès ou te pitit menm jan Jezi te pitit mwen ? ». Se sa l t ap mande m an reyalite.

Senyè a te adrese yon gwo pwoblèm m te genyen nan preparasyon kè m pou m te resevwa lanmou Papa a. Atitid mwen anvè papa m sou tè a te yon gwo blokaj nan kè m ki te anpeche m resevwa patènite Bondye.

Papa M

Youn nan souvni ki rete de papa m li te gen yon vrè kapasite pou l pwovoke diskisyon, sitou lè l te sou, sa ki te konn rive trè souvan. Nenpòt sa yon moun te di a, li te toujou chwazi kan advès la pou l pwovoke ak fè zen. Lè m te timoun m pa t konprann ke papa m te gen pwoblèm ki te anprizone m. M te jis panse ke l te rayi m. Souvan, li te konn vin pwovoke m nan pwen ke m pat ka kontwole m fizikman e ke m te anraje anba kòlè ak fristrasyon. Lè l te provoke yon diskisyon tout sa m te tande l ap di se te, m te sòt. « Ou gen yon bagay ki pa mache nan sèvo w. Ou se yon kreten. Ou pa bon ase pou mwen. Mwen pa renmen w. Ou fou. Ou pa ka panse klè. Gen yon bagay ki pa mache nan ou ! ». Depi lè sa, gen yon bagay ke m aprann konsènan diskisyon. Fè diskisyon pa gen anyen pou l wè ak sijè k ap debat la. Sijè a se yon zouti ke yon moun ki renmen fè zen ap itilize pou l pran pye sou lòt la. Yon diskisyon an reyalite se yon lit de pouvwa.

Sa pa gen dout ladann ke papa m te gen pwoblèm. E se te ka pa m tou. Men m te jis yon timoun. E lè l te ka itilize tout fòs vwa yon granmoun, panse granmoun e tout fòs pèsonalite l kont mwen, gen dè fwa m konn kraze pòt tchana yo ak kout pye. M te wè wouj prèske, m te pete pòt yo, epi m te kouri ale nan kolin yo dèyè lakay nou an, pandan m ap degaje kòlè m, m t ap kriye jiskaske kè m vin kalme. Mwen te rantre lè tout limyè te etènn, epi m te pase nan fenèt nan chanm mwen an e m ta l dòmi. Pèsòn pa t vin gade si m te rantre. Te gen tansyon nan kay la pandan plizyè jou, yo te mache jiska diskisyon sou diskisyon. Pandan m ap Grandi avèk sa, m te fèmen kè m pou papa m.

Padone Ak Volonte Nou

Yon ti tan aprè m te vin kretyen yon mesye te vin preche nan legliz nou an. Mesaj li te preche a te rezime ak sa : « ou dwe padone sila yo ki peche kont ou. Si w pa padone Bondye pa p padone w ». M te konprann sa l t ap di a. M te li bib la souvan. Men m te entèprete vèsè sa kòm asirans lavi etènèl : lè n refize padone, nou te ka pèdi Sali nou. M pa t wè okenn lòt sinyifikasyon de vèsè sa.

Si gen yon sijè ke m pa t cho pou li, konnen se sijè sa. Mwen kwè ke anpil kretyen nan mond lan te twonpe a pwopo de sa *padon* an ye reyèlman. Anpil kretyen panse ke yo padone yon moun, sepandan nan kè yo yo pa fè sa vre. Yo kwè ke tout bagay regle paske yo padone jan yo te aprann yo sa. Pandan m t ap tande oratè sa m te santi yon gwo presyon pou m padone papa m si se pa sa m t ap pèdi Sali m. Mwen te pran nan pyèj ! M te vle kite espas la men m pa t kapab. M te panse si m kite espas la m kite Krisyanis. Ebyen m te rete la e presyon an te vin pi mal e pi mal.

Reyalite sevè a sè ke m pa t vle padone papa m. Mwen pa t gen yon zo nan kò m ki te gen yon ti kras enterè pou te padone l. Men predikatè a te detèmine ke m te dwe fè l.

Se Pa Yon Kesyon Volonte

Anfen, lè reyinyon an te fini, li di : « Si yon moun bezwen padone yon moun avanse kounya ». Kidonk mwen te avanse, toujou avèk lit sa ki te anndan m lan, e youn nan ansyen yo vin kanpe bò kote m. Aprè yon bon moman, m pa t ka fè tèt mwen repete pawòl yo pou m padone papa m, li di mwen, « James, itilize volonte w ».

Lè l te di sa mwen te konnen ke se te kle pou m te soti nan espas sa paske m te konn kijan pou m te itilize volonte m. Nan epòk lè m te nan montay yo lè move tan te frape e rivyè yo t ap devèse e m te mouye an tranp e m te frèt. Nan sitiyasyon sa, si w pa rive jwenn yon abri avan nwit lan rive, ou riske pa p viv pou nwit la. Ebyen ou itilize volonte w pou travèse malgre van ak lapli, pou rive nan abri a. Sitiyasyon sa yo reyèl anpil, ebyen mwen te konn sa sa vle di pou m mete volonte m an aksyon. Ebyen, lè ansyen an te di sa, mwen te fèmen tout emosyon m e, avèk bon volonte mwen di : « Mwen padone papa m nan non Jezi ». M te soulaje. Dlo te sispann koule nan zye m. Mwen te kontan. Mwen te santi ke padon etènèl mwen te asire.

Lè m te retounen nan chapèl la, jou sa, lè Senyè a te mande m pitit kiyès mwen te ye a, mwen reyalize m te toujou gen gwo pwoblèm nan kè m konsènan papa m. M pa t yon pitit pou li. M pa t gen relasyon avè l. M pa t menm swete sa. Diskisyon ant li menm avèm te toujou ap kontinye de tanzantan. Avan jou sa, m pa t janm reyalize ke konfesyon padon m lan pa t lòt bagay ke yon bèl kouvèti ki kache sa m te vrèman santi a.

Yo fè anpil moun kwè ke padon se yon chwa. Li petèt ka kòmanse avèk yon chwa men se pa sa padon ye vrèman. Pawòl sa yo, "mwen padone w" ki repete senpleman kòm yon zèv bon volonte pa vrèman rezime padon sensè.

Kite m pran yon poz nan rakonte istwa sa ki te rive nan chapèl la jis ka lòt chapit la epi antre nan esans de sa m swete kominike nan chapit sa.

Padon Pa Volonte Fas Padon Avèk Kè A

Anpil moun panse yo padone jis paske yo itilize volonte yo e yo repete mo padon an.

Mo "padon" an vin yon mo ki pèdi vrè sans li e anpil kretyen panse san okenn refleksyon ke yo konnen sa padon ye. Sa m ta renmen di la, nan liv sa, ase diferan. An verite, m pa janm tande okenn lòt predikatè repete sa m pwal di a.

An ale avèm nan Matye, chapit 18. Premye pati nan istwa kòmanse nan vèsè 21 a, lè Pyè vini e poze Jezi yon kesyon konsènan padon. Vèsè a di, « Ebyen Pyè apwoche l de Jezi e li di l : « Senyè, konbyen fwa pou m padone frè m lan, lè l peche kont mwen ? Èske se ap jiska 7 fwa ? »

Sa te kesyon Pyè a. Li t ap di anverite : « Senyè jis ki bò bagay padon sa ap rive menm? Konbyen fwa pou m fè l ? »

M dektete yon rezistsans nan fason Pyè poze kesyon an. Se sèten ke Pyè te temwen de gras ak mizèrikòd Jezi anvè fanm ke yo te bare nan adiltè a ak lòt insidan tou. Lè *mesye* an te desann anlè nan kay lan pou l te geri, premye mo Jezi te repete l yo se te : « Pitit mwen, peche w yo padone » alòske misye pa t menm mande padon ! Pyè te temwen Jezi ap padone peche e pwouve mizèrikòd nan yon fason lib e jenere. Li te ka wè sa plizyè fwa e t ap panse, « Jezi, jis kibò sa prale? Kijan w rekonsilye padon avèk egzijans la lwa? »Pandan Pyè poze kesyon enkwayab sa, li ekspoze kè l. Jezi reponn li : « Mwen pa t di w jiska sèt fwa, men jiska swasanndis fwa sèt fwa ».

M pa kwè menm pou yon moman ke Jezi ta p di pou padone ekzakteman kat san katreven dis fwa e plis ke sa e Pyè t ap lib. Sa Jezi t ap di, sè ke padon pa gen limit. Li demontre ke Pyè pa t gen okenn ide de sa padon te ye vrèman.

Jan moun konprann padon an jeneral jounen jodia, sè ke pou padone menm moun nan pou menm peche a sèt fwa t ap ekstrèmeman difisil. Lè yon moun peche kont ou, sa toujou fè mal. Toujou gen yon soufrans ki enplike ladann yon fason oubyen yon lòt. Ebyen pou padone yo e anile sa e libere yo tanzantan t ap fè w mal ankò e ankò chak fwa. Pi souvan nou t ap reproche moun nan dezyèm ou twazyèm fwa e amitye a t ap pèdi. Ebyen lè Pyè mande: "Senyè, eske se jiska sèt fwa?" li te panse l te vrèman fidèl. An reyalite, sa te montre ke l te mal konprann li konplètman. Gras, mizèrikòd ak padon ke Jezi t ap pale a te nan yon dimansyon ki te trè diferan.

Renmen Mizèrikòd

Pou montre sa Jezi te vle di, ann gade nan Miche 6:8. Anpil moun gen tablo nan mi lakay yo ki gen vèsè sa.

"Li fè w konnen, ou menm lòm sa ki byen, e sa Letènèl mande w: sè ke w pratike sa ki dwat, ke w renmen bonte e ke w mache enb avèk BonDye w la."

Renmen mizèrikòd! Mizèrikòd se yon kè ki vle wè koupab yo libere. Se sa ki padon an. Dezi BonDye se pou nou renmen padone. Sa pa dwe yon bagay ke nou dwe fè, men yon bagay ke nou renmen fè. Tip de kè ke BonDye ap chèche se yon kè ki renmen padone.

Si w renmen yon bagay ou pa sispann fè l e refè l. Ou fè l a chak fwa w jwenn okazyon an. Pi plis toujou, ou chèche okazyon pou w fè l. Lè Pyè mande : « Senyè, konbyen fwa m dwe padone frè m lan lè l peche kont mwen ? » li t ap di an reyalite : « Sa *di*. M pa renmen fè sa, m twouve sa difisil. M pa gen anvi pou m padone ». Men repons Jezi a te : « Pyè ou pa gen yon ide de sa padon an ye vrèman ».

Jezi kontinye pandan l ap rakonte yon istwa pou l ede Pyè konprann diferans lan. Nou souvan pase a kote de sa. Pyè pa t konprann kisa padon an te ye vrèman. Li te panse se te yon rezilta de yon detèminasyon moun ki te ka goumen kont sa moun lan te vle fè vrèman. Mwen souvan pale ak moun ki di m : « Yon moun fè m tèl bagay e m imajine ke m ap oblije padone l chak jou nan lavim ». Wi, gen yon pwosesis de padon. Sa te pran m 6 mwa pou m te fè sa ak papa m. M pa di pa gen pwosesis paske gen youn kanmenm. Senyè a te kòmanse mennen m nan vèsè sa yo nan Matye pou m te ka rive padone papa m jan l te vle m fè l la. Li vle nou pwogrese nan moman nou chwazi padone pou ale nan stad padone avèk lanmou, apre pou nou rive nan stad kote nou *renmen* padone. Nou kite stad padone avèk volonte, rive nan padone san limit atravè yon kè ki renmen padone.

Yo aprann pifò legliz yo jodia padon se yon kesyon chwa e yon zèv bon volonte. Jezi pa dakò. Li di ke padon se yon kesyon kè a.

Padone Se Anile Yon Dèt

Nan pasaj sa, Jezi, reyalize ke Pyè te wè padon Sèlman kòm yon kòmandman difisil ke ou oblije obeyi. Li rakonte l yon istwa pou l eksplike e gide Pyè nan yon padon li t ap renmen e ki t ap soti nan kè l. Kite m presize istwa.

Te gen yon wa ki te gen yon sèvitè ki pran yon pakèt lajan nan wayòm nan. Swa li te jwe aza avèl, envesti l move kote oubyen li depanse tout, e kòb la fini nan men l. Lè yo te vin dekouvri l, li sipliye wa pou wa padone l. Wa te padone l e li anile dèt la.

Sèvitè sa ale deyò e nan yon ti tan li jwenn ak yon moun ki te dwe l yon ti kras kòb. Mesye a te mande l pou yo padone l pou ti kras kòb sa li te dwe a men sa ki te jwenn padon pou pakèt kòb li te dwe a pa t padone mesye a e li te fè yo mete l nan prizon jouk li peye dèt la. Sa te rive nan zorèy wa e li rele sèvitè a e di l konsa, men m te padone w tout sa, e ou pat padone yon moun yon ti kal bagay! Akoz de sa wa mete misye nan prizon, kote yo te tòtiye l e toumante l.

Sa se istwa. Nan vèsè 34 li di, « *Avèk kòlè mèt li a livre l nan men moun yo pou yo toumante l, jouk li peye dèt la,* » apre sa Jezi repete ki petèt se youn nan pawòl ki pi serye nan nouvo testaman, « *se konsa Papa m ki nan syèl la ap fè nou chak si nou pa padone frè nou an avèk kè nou.* » Sa vle di, w ap toumante jiskaske ou padone avèk kè w. Jezi te rakonte istwa sa pou yon rezon. Pou montre nou kijan pou nou vrèman padone avèk kè nou.

Nou dwe finalman antre nan nivo kote nou *padone avèk kè nou.* Volonte w se pa kè w sa se verite. Volonte w se pou ou. Kè w se ou. Nou konnen sa paske yon moun ka kontwole volonte a. Ou kapab detèmine pou fè yon bagay oubyen pou pa fè yon bagay. Anpil moun, ki fè yon chwa pou yo padone men ki pa padone avèk kè yo toujou nan yon sòt de touman, *Y ap panse, sa pa gen anyen pou wè avèk padon paske mwen padone deja. Mwen te fè chwa, ebyen pou mwen, bagay padon sa fini. Pwoblèm ki nan lavi m kounya pa gen anyen pou wè avèk padon, paske mwen te padone, jan yo te moutre m fè a.* An reyalite, padon toujou pwoblèm nan, men yo paka wè sa paske yo kwè sa te akonpli deja nan lavi yo.

Ebyen an nou tounen nan istwa, ke Senyè a te menen m ladan l vèsè pa vèsè pou l ede m padone papa m. Jezi di,

« Ou kapab konpare wayòm Bondye avèk yon wa ki vle fè règlemnan avèk sèvitè l yo. »

Lè m te li vèsè sa, Senyè a te pale avè m trè klè e senp, « *James, padan wap li istwa sa mete tèt ou nan plas wa.* » Wa sa gen pou l padone yon moun, Ebyen pou nou ka konprann kijan sa ka mache pou nou fòk nou mete nou nan plas wa.

Pandan m mete m nan plas wa, papa m te devni sèvitè a ki te volè anpil bagay pou mwen. Wa sa te deside, pou yon rezon nou pa konnen, pou l te fè règleman tout bagay nan wayòm nan e mete yo nan lòd. Li te vle pou tout bagay ki te kache yo devwale e mete yo dwat, se te detèminasyon l pou l te gen yon wayòm ki te jis.

Pandan w ap li sa ou kapab mete w nan plas wa. Ou kapab di, "Senyè, mwen vle tout bagay nan lavi m nan lòd". Si gen bagay ki pa vrèman padone, montre m ki sa yo ye. Si m t ap bay tèt mwen manti oubyen mwen pa t ka wè, Senyè, èske ou ka fè li parèt devan m pou kounya menm, jodia, nou ka kòmanse jere l? "Senyè mwen vle tout bagay nan wayòm mwen regle."

Istwa ap kontiye: "Lè l kòmanse regle, yo mennen youn ba li ki te dwe l dimil talan". Sa evalye ak san milyon dola ameriken kounya! Sèvitè sa te vizibleman yon nonm de konfyans ki te okipe yo pozisyon enpòtan nan wayòm lan.

Peche ki pi grav yo, sa yo ki fè nou plis mal, souvan sòti bò kote moun ki pwòch nou e sa nou fè konfyans yo. Jeneralman, lè w pa fè yon moun konfyans, sa yo fè nou jis konfime sa nou te espere de yo, men lè nou fè yo konfyans sa koz yon blese ki pi grav. Mesye sa te gen yon plas pre kè wa. Yo te fèl konfyans e yo te jwenn li ap vòlè lajan nan men mèt li.

Se sak fè lè yon moun peche kont ou li fèw mal. Paske lè yo peche kont ou yo toujou pran yon bagay nan lavi w. Y ap vòlè yon bagay pou ou.

Ou pa oblije te nan ministè twò lontan anvan w ka dekouvri ke gen kèk moun ki gen moun ki peche kont yo nan fason grav. Domaj ki nan lavi yo akoz de sa yon lòt moun te fè yo ka vrèman tèrib. Lè yon moun peche kont ou yo vòlè yon bagay nan lavi w.

Mwen menm avèk Denise t ap priye pou yon dam yon lè an Minnesota ki te gen 83 zan. Lè l te gen 3 zan, yo te vyole l. Li pa t panse ke sa te gen okenn rapò avèk sa li ta p esplike nou an. Pwoblèm li se te li te marye 5 fwa deja e tout mari yo te divòse avè l. Kè li te brize e tout mesye sa yo ke li te renmen te rejte l. Yo tout te di menm bagay la, ke li pa t kabab manisfeste afeksyon kòm yon madanm, ebyen yo rejte l. Pandan n ap tande istwa l nou dekouvri ke yo te vyole l lè l te gen 3 zan. Li pa t wè sa ki te trè evidan pou nou. Ke pwoblèm maryaj li se te yon pwoblèm koz ak efè e li t ap viv avèk eritaj abi li te sibi lè l te timoun.

Sa ki te rive l lè l te gen 3 zan detwi yon bagay nan feminite nan lavil kòm fanm. Sa retire kapasite l pou l kapab reyaji liberalman avèk lanmou, e pou jwi entimite nan relayson. Yo te vòlè sa pou li. Pita mwen vin reyalize ke se pa sèlman feminite l yo te vòlè pou li, men anpil bagay toujou. Eksperyans pou l te gen yon bèl maryaj ak timoun te pèdi. Chans pou l te devni yon grann te pèdi. Tout benefis yon maryaj stab te ka pwodwi pou lontan te pèdi. Kòm yon fanm 83 ane li pa t gen youn nan bagay sa yo. Yo te volè tout sa yo nan men l lè l te gen 3 zan.

Mwen anbrase li e mande Papa a poul vini e vide lanmou l anndan timoun 3 zan an ki nan kè l e geri blese sa. Yon mirak te fèt jou sa. Granmoun nan kòmanse ri tankou yon timoun 3 zan. Li t ap ri san rete avèk jwa. Apre sa li sispann e li gade nou avèk yon ekspresyon trè seyre e l di, « Poukisa Bondye te pran tout tan sa pou l te geri m? Mwen pa t gen yon repons pou kesyon sa. Sèl sa m ta ka panse pou m di se, « ebyen pito ta ke jamè, mwen sispèk. » Lè l tande m di sa imedyatman li kòmanse ri ankò. Wi ! Pito ta ke jamè! » Se te yon gran jwa pou l tande sa. Li te geri.

Lè moun peche kont nou verite a se yo toujou vòlè yon bagay pou nou.

Si nou pa konnen sa nou te pèdi (sa yo te vòlè pou nou) nou pap ka anile dèt la.

Anpil moun mande padon rapid e san senserite lè yo fè yon bagay mal, "frèm, mwen dezole. Silvouplè padone m. » Nou konnen se sa kretyen an dwe mande! E repons kretyen an se, « Wi, mwen padone w » e nou panse ke tout bagay fini. Men reyèlman, nan pifò ka, relasyon an pa t janm geri. Pa gen okenn restorasyon nan relasyon an men paske nou repete mo padon yo nou paka idantifye pwoblèm nan. Gen anpil fo relasyon nan kò Kris la pou rezon sa menm. Blese nan kè ki pa janm geri. *Si nou pa konnen sa nou te pèdi (sa yo te* vòlè pou nou) nou pap ka anile dèt la.

Enbyen nan istwa sa, se te 10 mil talan ki te pèdi ke wa te oblije padone, li oblije anile yon dèt ki evalye a 100 milyon dola ameriken. Sa se anpil lajan.

Padone Avèk Kè W Ap Koute W

Kite m itilize ti egzanp sa. Imajine yon jou mwen pase bò lakay ou e m deside pou m rive lakay ou pou m prete anviwon 20 dola nan men w. Lè m rive lakay ou ou pa la men pòt la ouvè e mwen ka wè bous ou sou tab la. Mwen fè yon gade e mwen di a tèt mwen, « Si l te la li t ap banm sa. Se zanmi m li ye. Ebyen map jis pran l kanmenm. » Ebyen mwen pran 20 dola e mwen depanse l, e mwen fini ak kòb la.

Lè m vin lakay ou pita, ou rapidman wè ke 20 dala pa la. W ap panse, "Gen yon moun ki volè l! Mwen pa dwe kite pòt la ouvè." Kanmenm nan demen Sentespwi a konvenk mwen e mwen reyalize ke mwen peche. Se pa prete mwen te prete kòb la se vòlè mwen te volè sa. Ebyen mwen retounen vin jwenn ou e mwen di w, "frèm, mwen vrèman dezole, yè, lè w te soti a, mwen antre lakay ou e mwen pran 20 dola nan bous ou e mwen depanse tout. Eske ou ka padone m?"

Kounya ou gen yon chwa, men chwa a pral gen yon pwoblèm emosyonèl atache avèl paske petèt ou te atache emosyonèlman avèk 20 dola sa. Pou kite 20 dola sa ale fòk ou anilè dèt sa. Si w pa padone m m ap oblije remèt kòb la. Lè pa gen padon fòk gen restorasyon an plen. *Padon anile dèt la.* Bagay ki fè padon difisil sè ke inosan an peye pou koupab la. Se konsa li te toujou ye. Nou wèl nan Jezi. Padon l pou pechè yo te koute l vi l! Padon avèk mizèrikòd ale kont jistis. L ap koute w 20 dola pou padone m.

Sa ki bèl nan padon se: Lè nou padone yon moun, sa fè nou plis tankou Jezi. Lè nou anile yon dèt, lè n ap peye pou peche yon lòt moun, apre li konekte nou pi prè e chanje nou pou nou vin plis tankou l.

Pètèt ou ka ap di, « kisa ki 20 dola antre mwen menm ak James? Li pa tèlman yon move moun. Li fè yon erè la. Ok, mwen anile dèt la. » Ebyen ou di « Ok, mwen padone w. » Mwen ale e mwen lib m pa oblije peye sa menm.

Kounya kite m jis chanje istwa yon ti kras. Lè mwen antre anndan kay ou e ouvè bous ou pou m pran 20 dola, mwen wè kat bank ou la. Plis ankò ou fè yon erè ou kite nimewo pin nan sou do kat la. Ebyen mwen pran kat la e 20 dola, e m ale nan bank lan e mwen retire $1000 sou kont ou, e mwen retounen kat la nan bous ou. Mwen pran 20 dola tou e mwen depanse tout $1020. Tout kòb la fini. Nan demen mwen konvenk. Sepandan lè w vin lakay ou e kat la toujou nan bous ou, ou sèlman manke 20 dola a. Ou pap konn anyen de 1000 dola jouk ka pita lè ou cheke balans ou.

Nan demen lè Sentespwi konvenk mwen e mwen vini e mwen di w, Frèm, mwen vrèman dezole men yè mwen vòlè enpe lajan pou ou. Ou ka padone m? Rekonèt ke mwen pa bay detay ke mwen te pran kat la kounya ou panse se sèlman 20 dola. An reyalite, mwen vòlè 1020 dola men m ap made w pou w padone m pou tout sa mwen te vòlè pou ou. Lè mwen di w, « Frèm, mwen vòlè enpe lajan pou ou. Wap padone m? » e ou di, « kisa ki 20 dola antre mwen menm ak James? Ok James mwen padone w. »

Kite m poze kesyon sa. Eske mwen jwenn padon? Non! Mwen pa jwenn padon.

Ou paka padone m toutotan ou pa konnen sa m te pran pou ou! Ou te padone m pou 20 dola men lè w vin jwenn rapò kat la, ou pral oblije antre nan yon lòt pwosesis ankò. E w ap pi emosyonèl toujou pou 1000 dola ke 20 dola. Sa pral touche lavi w nan yon fason ki pi reyèl. Petèt ou t ap sere 1000 dola sa pou yon fèt oubyen yon bagay trè enpòtan pou ou. 1000 dola pa yon ti kras kòb. E se yon pi gwo pwoblèm nan kè w, pou w padone m pou sa.

Ou wè, pou anpil nan nou, lè nou padone yon moun pou yon bagay, nou pa vrèman konsidere sa yo te volè pou nou an.

Mwen t ap aprann sa lè Senyè a t ap mennenm pou m te padone papa m. Mwen te di avèk ansyen an devan legliz la, « mwen padone papa m nan non Jezi » tèlman te gen anpil doulè ki vin sou sifas kè m padan m tap eseye di pawòl sa yo. Men pandan m t ap li vèsè sa yo, Senyè a te kòmanse fè m konprann kisa enkapasite papa m pou l te papa m te bezwen an te koute m.

Mwen te kòmanse reyalize ke si papa m te ka jis di mwen, nan mitan yon diskisyon, « Pitit mwen, mwen pa vle fè diskisyon, mwen renmen w. Ou se yon bon ti gason. Ou gen yon bon espri. Mwen apresye w. Ou se pitit mwen. » Sa t ap fè yon gran diferans. Men li te kontinye ap agase m jiskaske mwen fè kòlè.

Dèfwa mwen gade foto ansyen fanmi m yo de lè m te yon jèn gason. Nan tout foto yo nèt mwen pa janm gade papa m. Lè m gade vizaj mwen nan foto sa m anvi kriye. Mwen te yon timoun pòv e brize. Si papa m te ka jis mete menl sou zepòl mwen lè l pase sa t ap fè yon gran diferans nan lavi m. Si l te ka dim ke li renmen m. Si l te jis chita e jis di m, "kijan jounen an ye pou ou?" Papa m pat yon move papa, men li te vrèman domaje akoz dezyèm gè mondyal la. Si l te ka yon pi bon papa mwen te ka gen yon pi bon vi. Papa m pa t vyolan fizikman men pawòl li yo te toujou blese e yo te di. Mwen te kòmanse konprann kisa sa te koute m akoz papa m te moun li te ye a. E mwen te kòmanse fache anpil anpil.

Papa M Pa T Ka Peye

Pandan ke BonDye t ap gide m nan pwosesis pou m te evalye sa relasyon sa te koute m, te gen kèk moman kote m te vle pran avyon pou m al lakay. Pafwa, m te santi m tèlman fache e ke m te anvi bay papa m yon kout pwen. M te choke pa kòlè sa ki t ap dòmi nan fon kè m. Mwen te santi m tèlman brize. M te kòmanse reyalize sa enkapasite papa m te koute m pou l te yon papa ke m te bezwen.

Istwa Matye 18, vèsè 25 di : « Men, nonm lan pat gen dekwa pou l te peye tout lajan sa a. Mèt la bay lòd pou yo vann li tankou esklav, li menm, madanm li, pitit li yo ansanm ak tout sa l te genyen, pou peye dèt la ». M te vle ke papa m pini. Lè w pa padone sa vle di ke ou vle lòt moun lan peye pou sa l fè a. Men pawòl ki te frape m se te premye pawòl nan vèsè sa: « Kòm li pa t gen de kwa pou l peye ». Nèg sa te vòlè yon gwo sòm lajan e pa t rete anyen. Li pa t ka bay li.

Pandan plizyè semèn ap pase pawòl sa yo te kontinye ap retounen nan espri m: « Men, nonm lan pat gen de kwa pou l peye tout lajan sa a ». E Senyè a te kòmanse ap raple m bagay ke m te tande de papa m. Moun ki te nan gè a avèk li, tonton m ak matant mwen yo. M te kòmanse wè lavi yon lòt fason. M raple m fason matant mwen yo (sè l yo) te konn pale de li ak yon move ton nan vwa yo. Papa m te oblije kite kay la depi a laj de 16 zan. Yo te voye l nan yon vil ki te lwen anpil nan epòk sa yo, e li te gen pèmisyon pou l tounen lakay la yon fwa pa ane sèlman. Li te rete avèk yon granmoun. Nan yon kay tou pre kote li t ap travay, ap fè yon travay li te rayi e anyen entèresan ditou pou l te fè lakay li. Lè l te konn retounen chak ane lakay paran l, manman l te konn salye l ak yon lamen e yon semèn pita li di l orevwa ak yon lamen. Li te rakonte m kèk ane pita ke sèl moun ki te janm di l "mwen renmen w" se te manman m.

Lè l te gen 17 tan, dezyèm gè mondyal la te kòmanse. Li te rejwenn lame teritoryal la e byen vit li te antrene e ale konbat nan zile Pasifik yo. Epi li te ale an Ejip e l te patisipe nan avansman alye yo an Itali kote l te rete jiskaske gè a fini. Li te rakonte yon lè kijan l te wè yon cha tiye pi bon zanmi l lan. M sonje m te tande l di:

"Nou pa t menm jwenn yon moso rad li". Li te yon ekspè pou zam lou, li te lokalize pozisyon enmi yo e bay siyal pou gwo zam yo tire. Li tap dirije cha yo kote pou yo atake a. Pifò tan yo pa t janm wè kote yo te tire a sòf lè yo te travèse nan yon vil ki te demoli. Li te konn wè moso kò fanm ak timoun nan lari yo. Pat gen okenn gason oubyen sòlda ennmi an la – sèlman fanm ak timoun! Papa m te gen diznevan e se li menm ki te dirije cha andedan vil la.

M panse ak sa yo souvan e m panse nan tèt mwen si m te Bondye nan jou sa a, e m te ka wè kè papa m lè yo t ap travèse vil sa, kisa m t ap santi vè li menm? M panse ke mwen t ap fache kont sa ki te rive a, e m t ap gen pitye pou li, lè m wè sa men l yo te fè e sa l te patisipe ladann lan. Papa m sot nan gè a avèk yon bezwen pou lanmou. Li marye trè vit avèk manman m e nan kèk ane yo fè 3 pitit. Li te kòmanse bwè valè kleren ke l te kapab paske l pa t ka sipòte emosyon ak souvni ki te andann l yo. Papa m te gen pwoblèm ak mond ki te nan li an a koz enjistis ki te nan lavi li. Pa konsekan, li fè tout bagay tounen yon diskisyon paske te gen yon ensatisfaksyon pwofon anndan l. Li te gen twa pitit ki te bezwen yon papa ki pou te renmen yo. Men l pa t gen okenn lanmou pou l te bay.

Pandan m ap li pawòl sa yo : « Li pa t gen dekwa pou peye », mwen pran konsyans ke papa m pa t gen kapasite nan li pou l te yon papa. Li pa t gen lanmou pou l te bay. Li pa t ka peye sa l t dwe m lan.

Ou Pa Ka Bay Sa W Pa Genyen

Gade, nou pa ka bay sa nou pa resevwa - epoutan, pafwa, nou panse ke bagay yo tèlman senp: « Poukisa yo pa fè sa? Sa tèlman senp ». Men si w pa t janm resevwa l li pa osi senp ke sa. Papa m pa t janm tande pèsòn te di l : « Mwen renmen w ». Li pa t janm jwenn yon papa ki te met men l sou epòl li pou l di: « Mwen fyè de ou pitit gason m ». Sèlman sa li te gen nan kè l se dispit li te gen avèk mond lan. Li pa t ka peye… M te kòmanse wè papa m senpleman kòm yon lòt moun ki te soufri, ki te enpafè e ki, tankou m, ki pa t ka sipòte anpil nan sa lavi a te remèt li.

« Kè mèt dosmetik la fè l mal, li anile dèt la, li kite l ale. » (v.27)

Mèt la te gen anpil konpasyon. Lè m te wè papa m pa t gen mwayen pou l te ranbouse m, pou premye fwa nan vi m m te gen konpasyon pou papa m. M pa t janm gade bagay yo jan l te gade yo. M panse si m te gen pèspektif Bondye e te wè tout bagay ki te rive nan lavi papa m, mwen tap gen yon atitid diferan vè li menm.

Vrè Vòlè A

Nanm nou gen yon ennmi. Ennmi sa vini pou vòlè, tiye ak detwi. Men l pa vin vòlè machin ou. Li vin vòlè nanm ou. Li pa vin demoli televizyon w oubyen lòt bagay. Li vin detwui pèsonalite w. Li vin tiye tout sa k bon nan ou, tout sa ki sòti nan Bondye, tout sa ki janti, agreyab e dous. Li vin detwi tout sa ki gen yon ti mak BonDye.

Antanke kretyen nou gen yon boukliye lafwa pou n detounen flèch dife ennmi an. Mwen reyalize papa m pa t janm gen yon boukliye e kidonk flèch dife ennmi an te atenn li. Satan pa gen okenn sans moral. Nan okenn fason li pa ka kanpe e ni met okenn limit nan mal ke l ap fè moun. L ap fè bagay ki pi mal ak timoun ki pi sen e ki pi inosan yo. Li te kòmanse atake papa m depi moman li te fèt la e menm anvan l te fèt. Tout moun ki fè w mal yo, li t ap atake yo tou. Li t ap atake e detwi papa w, manman w, yon fason w pap janm konprann. Li vòlè kapasite pou yo te vin moun ke yo te reve devni an, pou l anpeche yo devni paran ou te bezwen an.

Kidonk m te kòmanse konprann yon bagay de lavi papa m e m te kòmanse wè li te jis yon moun tankou m. ap goumen avèk pwoblèm ki nan mond sa, ap eseye fè sal te kapab, li jis pa t gen kapasite pou l te sa mwen te bezwen pou l te ye a. Pou premye fwa nan lavi m, m te gen konpasyon pou li. Pou premye fwa nan lavi m, mwen priye pou papa m. E mwen te priye yon priyè konsa:

« Senyè m vle papa m beni. M vle pou l ere e m pa vle l pote chay sa ankò. M pa vle l manke lanmou ankò. M pa vle wè l poukont li ankò. M vle ke moun renmen l. M vle pou l jwenn padon pou bagay ki nan konsyans li ak pou tout bagay nan gè a ki te deranje l. M pa vle pou l pote bagay sa yo nan li ankò. Tout sa ki te pouse l bwè anpil pou l eseye toufe kè l. Senyè m mande w pou w padone l tout bagay sa yo afen ke l kapab depoze l, kite l dèyè l ak pou l lib. Senyè èske w ka padone l peche l yo, padone l tout? M pa menm vle pou l santi l koupab paske l pa t yon bon papa pou mwen paske sa ap vin ajoute ak lòt pwoblèm nan vi l. M vle pou l lib de tout santiman echèk antanke gason, papa e mari. M vle pou l lib! Senyè, m vle l beni. Senyè m padone l ak tout kè m. Èske w ka padone l? »

Lè m te priye konsa, m te reyalize ke m te reyèlman vle pou l te padone pou byen li. Li t ap pote anpil bagay e m te vle pou l te lib. M ka di w sa - avèk jan de padon sa, w ap renmen padone. Lè m te di : « Senyè m padone l ak tout kè m », gen yon bagay amizan ki rive ke m pa t atann.

Tou swit, m santi mwen telman vid. Nan kè m, m santi m t poukont mwen e tèlman san defans. M santi m tankou yon timoun san okenn pwoteksyon. Lè n pa padone ak kè nou nou toujou kenbe moun ki dwe nou dèt la sou kè nou. Lè nou kite yo ale nou vin vid.

M padone papa m epi mwen anile dèt la. Mwen libere l de tout obligasyon kom papa, pou l te sa li pa ta p jan m ye. M te sispann espere kèk bagay de li menm paske sa se te yon chay anplis sou zepòl li. Mwen libere l ak espwa ke l ap ratrape l yon jou. Yon sèl kou a, m santi m vid e konplètman sèl, tankou yon ti gason ki pa gen pèsòn pou pwoteje m.

Nan moman sa, pandan m te touche pa santiman sa, mwen te fè yon vizyon etranj. Nan vizyon an mwen te yon pwofesè yon klas ki te gen anviwon 30 timoun. Mwen t ap rele nan tèt timoun douzan sa yo : « Kiyès k ap yon papa pou mwen ? » Timoun yo t ap gade m dwòl. Se timoun yo te ye. Mwen te rele ankò: "Kiyès k ap yon papa pou mwen?", men asireman yo pa t konn sa pou yo te di. Epi pa dèyè yo, nan dèyè klas la, mwen remake yon men ki te leve. Pandan m t ap vire tèt mwen pou m te gade, BonDye te chita atè a nan fon klas la, apiye do l nan mi an. Epi l di: "James, mwen menm m ap yon papa pou ou".

Padon kè a, se lè kè w lache moun lan, libere l epi kite l ale. Lè w pa padone yon moun, kè w konekte avèk li, lè sa kè w pa lib pou l konekte ak Papa nou ki nan syèl la. BonDye vle konnen nou kè pou kè tankou yon papa. Lè nou libere manman oubyen papa nou nan fon kè nou, ebyen kè nou lib pou l konekte ak Papa nou ki nan syèl la ki di : « ... *M'a resevwa nou. M ap yon papa pou nou e Nou menm, n a pitit gason m ak pitit m fi mwen. Se mèt ki gen tout pouvwa a ki di sa.* » (2Korentyen 6 : 17-18). Ou gen yon Papa nan syèl la ki vle konnen w pwofondeman, de fason entim. Ou ka petèt toujou mare ak paran w yo paske w pa padone yo. Li lè pou w padone avèk kè w epi kite yo ale.

CHAPIT 4

Kè Yon Pitit

Mwen vle fin diw sa ki te pase nan chapèl la nan maten sa. Sa te jwe yon wòl enpòtan pou mennen m nan eksperyans lanmou Papa.

Lè Senyè a te poze m kesyon dwòl sa, "James, pitit kiyès ou ye?" sa te yon kominikasyon pwofon. Mwen te konnen kisa Li t ap mande, "Pitit kiyès ou ye, menm jan Jezi se Pitit mwen?" Te gen anpil lòt bagay ki te enplike nan pwoblèm sa ki fè mwen kanpe yon bon tan ap eseye jwenn yon repons. Mwen te etone akoz kesyon Senyè a te poze m, m ap eseye travay yon jan pou mwen reponn kesyon sa. Te gen 2 pwoblèm ki t ap travèse nan espri m an menm tan, tankou 2 CD k ap vire nan direksyon opoze, mwen t ap travèse tout sa m te ka panse, ap eseye jwenn yon sèl repons ki t ap satisfè tou de pwoblèm sa yo. Kisa m te ka di? Se te yon moman ki te vrèman entans e mwen te konnen Senyè a te kapab wè e Li t ap veye sa ki t ap travay nan kè m, espri m ak santiman m yo. Tankou yon limyè pwojektè, Li t ap gade anndan m pou l te ka wè reyaksyon m a kesyon li a.

Premye bagay ki vin nan espri m kòm yon repons pou, « James, pitit kiyès ou ye? » se te pou m te bay yon non, e premye non mwen te ka jwenn se te non papa m. Mwen te panse mwen te ka jis di Senyè a, « mwen se pitit Bruce Jordan, » men menm kote panse sa te vin nan espri m, mwen reyalize mwen pa t ka di Senyè a sa, paske mwen te sispann yon pitit pou papa m lontan avan sa. Se vre mwen te pitit biolojik li, men mwen pa t yon pitit pou li tankou Jezi te yon pitit pou Papa. Mwen te oblije retire sa nan espri m e vit ke kout poum jwenn yon lòt repons.

Lòt moun ki te vin nan espri m se te yon ansyen nan legliz kote mwen te konvèti a. Li te yon nonm remakab. Non li se te Ken Wright. Li t ap mache nan Espri a pou plizyè ane. Se li menm ki te batize m. Mwen sonje yon lè mwen te wè plan vwayaj li pou vwayaje pandan 2 zan ap preche toupatou nan mond lan. Li pa t rete nan yon sèl kote pou plis ke 4 jou, pandan 2 zan an. E li te vizite plis ke san peyi diferan. Lè li pale, nou te bwè pawòl li yo e Espri ki te nan li a te konn ranvèse sou nou. Nou te vrèman enpresyone de li e li te gen yon kè tankou yon kè papa anvè nou.

Ebyen lè Senyè a poze kesyon, « James, pitit kiyès ou ye? » rapidman sa vin nan espri m pou m di mwen se pitit Ken Wright men ankò, moman panse sa te vini, mwen konnen mwen pa t ka di l, paske (malgre mwen te resevwa tout sa mwen te ka resevwa nan men Ken) mwen sètènnman pa t gen yon kè pitit anvè li. Jezi te di Papa Li, « mwen pran plezi nan fè volonte w » men mwen pa t gen yon dezi pou m te fè Ken plezi. Mwen te pran tout sa li te ba ki te fè m plezi. Ebyen mwen reyalize, mwen pa t ka di Senyè a sa tou. Kiyès mwen te ka di ankò? Mwen pa ka di Bruce Jordan. Mwen paka di Ken Wright, ebyen piti kiyès mwen ye ?

Sèl lòt moun mwen te ka panse se Neville Winger. Nou te konn rele l « Tonton Nev. » Tonton Nev te gen yon komès machin ki t ap mache trè byen an Nouvèl Zeland. Li te vann li pou l ka achte yon fèm sou yon il sou bò Nouvèl Zeland. Se te yon vye fèm kraze, plase sou 800 kawo tè sou yon mòn avèk yon bèl kòt ki yon ti jan kraze. Li te al rete la avèk madanm li Dot, e pou anpil ane yo te konn ap resevwa timoun lari lakay yo. Nev avèk Dot te gen yon Kè pou jèn moun e yo te konn mennen yo lakay yo e eseye travay avèk yo. Li t ap chèche yon kote pou l te ka resevwa timoun sa yo ki soti nan lari a e pran swen yo nan pwòp kay li. Li te vle yon sant konferans ak yon sant revèy pou Nouvèl Zeland e li te achte fèm sa avèk plan poul te reyalize vizyon sa.

Nev se te yon nonm ekstraòdinè, yon vrè papa spirityèl nan nasyon an. Lè l te preche mwen te vrèman konekte avèl e m te panse mwen t ap renmen ale nan lekòl biblik li te kòmanse a; ke nou te ale ladan l. Yon fason menm jan avèk Ken, li te gen yon kè papa anvè nou. Li pwofetize sou nou anpil e tout ane sa yo pita sa toujou enpòtan.

Ebyen mwen te panse mwen te ka di Senyè a, mwen se pitit Nev Winger, men ankò, pandan m anba limyè pwojektè Bondye, mwen reyalize mwen pat ka di sa. An verite mwen pa t janm yon pitit pou li nan kè m. Mwen te yon moun ki t ap pran, mwen pa t yon moun ki t ap bay. Yon vrè pitit, jan Jezi te ye a, toujou fokis sou afè papa l. Mwen pa t janm fokis sou afè papa m ni afè Ken Wright oubyen afè Nev Winger. Mwen pa t janm panse kijan mwen te ka yon benediksyon oubyen kijan m te ka ede moun sa yo. Mwen te gen yon kè òfelen. Mwen t ap vire tounen e ap goumen olye mwen te jis di, Senyè, mwen pa pitit pèsòn e m pa vle pou m yon pitit pou pèsòn. Mwen pa t ka admèt sa paske te gen yon lòt bagay ki t ap pase. Lè m te fèmen kè m pou papa m mwen te konplètman pèdi sa m rele kè yon pitit.

Espri Yon Pitit

Kisa ki espri yon pitit? Pou w konprann sa an nou kòmanse nan galat 4:4, ki di konsa,

« Men, lè lè a rive, Bondye te voye pwòp pitit li. Li sòti nan vant yon fanm, li viv anba lalwa jwif yo, pou te ka delivre tout moun ki te anba lalwa pou n' te kapab vin pitit Bondye. »

Lè nou fèt yon dezyèm fwa, nou vin devni pitit Bondye atravè adopsyon. Bondye ale pi lwen ke adopsyon. Adopsyon se sèlman premye pa. Pòl kontinye poul di, *Pou fè nou wè nou se pitit tout bon, Bondye te voye Lespri Pitit li a k ap rele : Papa, nan kè nou.*

Paske ou se pitit Bondye pa mwayen legal, Li vide Lespri Pitit li a. Li mete Lespri sa nan kè nou, Espri k ap kriye, « Abba! Papa! » Yon pitit adoptif pa kriye « Abba! Papa! » kè imen nou pa Kriye « Abba! Papa! » se Espri Pitit la ki nan nou, ki kriye, « Abba! Papa ! »

Espri Pitit la te vide nan kè nou. Lè m te fèmen kè m pou Papa m, mwen te pèdi kè yon pitit. Ebyen lè Sentespri a te vide nan mwen pa t gen yon kè pitit nan mwen ki te pou reponn. Paske mwen te fèmen kè pitit mwen, Sentespri a pa t kapab pwodwi yon atitid pitit nan mwen. Sa se yon pwen ki trè enpòtan, ke Senyè a t ap ekspoze nan mwen lè Li te poze m kesyon sa. Li t ap chèche yon kè ki te ouvè pou resevwa espwi pitit la.

Jezi te eksperimante sa lè Sentespri a te desann sou Li lè l t ap batize a. Lè Bondye te anonse, « Sa se pitit mwen renmen an, nan li mwen pran plezi, » Espri Pitit la te desann sou Li. Depi lè sa Jezi te anonse a tout mond lan Li se Pitit Bondye! Avan sa, Li te Jezi Nazarèt, Pitit Joseph ak Mari, men kounya Li anonse kòm Pitit

Bondye a. Menm Sentespri ki te tonbe sou Jezi se menm Sentespri ki kreye yon kè pitit nan nou.

Anpil kretyen rekonèt Sentespri kòm Espri adoptif men yo poko eksperimante l kòm Espri Pitit. Pa konsekan nou kapab ranpli ak Sentespri e nou pa gen okenn vi Pitit la ditou. Lè Espri a vide nan Kè yon moun ki pa gen yon kè pitit avè pwòp paran l, ebyen Sentespri a pa ka fonksyone nan moun sa kòm Espri yon Pitit. *Espwi Bondye oblije jwenn yon amoni ki koresponn nan ou pou l fè eksperyans sa reyèl.*

Lè m te fèmen kè m pou papa m, mwen te pedi kè yon pitit. Lè m te fèmen kè m pou papa m, mwen pa t gen yon kè pou pèson ki te ka yon papa pou mwen...menm Bondye.

Relasyon Ak Yon Papa

Sa se te gwo pwoblèm mwen. Te gen anpil moun ki te antre nan lavi m ki te gen yon kè papa anvè mwen men mwen pa t gen posiblite pou m te reponn ak sa. Mwen pa t reyalize si w pa gen yon kè pitit anvè manmam ak papa natirèl ou ou pa gen yon kè pitit ditou, e ou paka fè koneksyon avèk yon papa, menm Papa *Bondye!* Menm jan pou w fè Jezi sèl Senyè ou li depann de yon relasyon avèk Li, yon Kè pitit fi ou pitit gason trè enpòtan nan devlope yon relasyon avèk Papa.

Si ou vle konnen Bondye Papa a, gen yon sèl fason w ap ka konnen Li. Li pa pral gen okenn lòt relasyon andeyò de Papa. Anpil nan nou te devni papa kèk pwen nan lavi nou, men Bondye pa t devni Papa, Li te toujou Papa e l ap toujou Papa. Li kreye inivè a men li pa kreyatè pa nati. Kreye se yon bagay Li fè, se pa sa li ye nan nati li. Si papa w se yon enjenyè pa ekzanp, relasyon ak papa w pa baze sou okipasyon l, ou gen relasyon avèl sou baz kiles li ye.

Bondye kreye inivè a men li pa gen yon relasyon avè w kòm kreyatè. Li gen yon relasyon avè w kòm Papa paske se sa Li ye. Papa se vrèman esans Li. Jezi te vini pou revele ke Yahweh se Papa.

Mwen kwè katrevendis pousan nan nou nan peyi oksidantal yo fèmen kè nou a paran nou. Nou itilize langaj sofistike pou n pale de sa men reyalite relasyon entim se yon bagay ki vrèman entranj nan eksperyans anpil moun.

Ebyen lè m te nan chapèl la e Senyè a te repete m pawòl sa yo, « James, pitit kiyès ou ye? » Sa Li t ap fè vrèman se montre m eta kè m. Mwen pa t ka jwenn okenn repons. Mwen te dwe di, « Senyè mwen pa pitit pèsòn », men mwen te gen yon pwoblèm pou m te di sa. Ban m di w poukisa.

Tout Òm De Dye Yo Nan Bib La Te Pitit Gason Yon Moun

Depi lè mwen te kretyen mwen te vle pou m yon òm de Dye, menm jan ak predikatè ki gen onksyon yo. Mwen ta p priye tout tan, « Senyè, fè m devni yon òm de Dye. » Lè m te nan chapèl la jou sa, ap eseye jwenn yon non mwen te ka bay Senyè a, te gen yon panse ki t ap vire nan tèt mwen. Li te gen rapò ak yon sijè prefere m nan epòk sa. Lè m te nan lekòl biblik mwen te fè yon gwo pwojè etid sou istwa ansyen testaman. Pandan m ap fè rechèch sou pèsonaj trè koni nan ansyen testaman gen yon bagay ki t ap plede nwi m. Preske tout ewo sa yo te dekri kòm "Pitit de…" Jozye te pitit Nun, Kalèb te pitit Jefune, David te pitit Ezayi. Tout moun mwen te li de yo te dekri kòm pitit yon lòt.

Sa te vreman nwi m. Poukisa li pa David poèt la, wa gèrye a? Poukisa li pat Ezayi gran pwofèt la? Poukisa li pa t kalèb nonm lafwa a? Mwen te tèlman depann de tèt mwen ke mwen te panse,

« Poukisa nèg sa yo paka kanpe sou pwòp 2 pye yo? Poukisa yo paka aji tankou gason tout bon? Poukisa yo bezwen yon papa pou yo apiye sou li? » Sa te revele vrè eta kè m an relasyon ak papa m.

Jou sa nan chapèl la mwen te santi tankou Bondye t ap di, « James, mwen te tande w t ap mande m pou m fè w devni yon òm de Dye. Eske ou vle devni yon òm de Dye? Se pa vre? Ebyen, tout òm mwen yo se pitit yon moun yo ye. Ebyen si w vle devni yon òm de Dye, James, pitit kiyès ou ye? »

Jezi Te Pitit Yon Moun Ki Pa T Pafè

Mwen te konnen mal papa yo ka koz. Eske ewo sa yo nan bib la pa t konnen mal papa yo te ka koz? Fòk ou ta fou pou w ta pitit yon moun! Mwen konnen ke Jezi se Pitit Bondye men m ka padone l pou sa paske Papa l te pafè. Papa ki pafè yo pa pwoblèm nan ; papa ki pa pafè yo ki pwoblèm nan! Aprè sa mwen reyalize ke Jezi te rekonèt etènèlman kòm Pitit David la. Plis ankò, ministè Li baze sou wayote David, e David pa t yon moun pafè!

Anpil legliz jodia t ap entèdi David nan sèvis oubyen nan plas otorite nan legliz la sou baz echèk li yo. Men Jezi te kontante pou l te rekonèt kòm pitit yon moun ki pa t pafè! Sa te vrèman ban m defi! Jezi te gen volonte pou l te pitit yon moun ki pa t pafè ebyen gen yon bagay ki pa bon avèk pèspektif mwen. Mwen pa t vle pou m pitit yon moun ki pa t pafè, men Jezi te kontan pou l te rekonèt kòm pitit yon moun ki pa t pafè. Mwen pa t ka echape reyalite sa. Mwen te kole!

Mwen pat ko konn sa, men jou sa ta pral detèmine rès vi mwen. Finalman, mwen te oblije onèt e admèt, « Senyè, mwen pa pitit pèsòn. E plis ankò, mwen pa vle pitit pèsòn. Mwen pè sa. Ou ka ede m? » Lè m di : « Ou ka ede m ? » Menm moman prezans Li kite chanm nan e mwen te pou kont mwen nan chapèl la. Mwen te santi tankou Senyè a te al kòmanse travay sou pwoblèm mwen an.

Rejwenn Kè Yon Pitit

Aprè rankont sa, Senyè a te kòmanse travay sou mwen pou l restore kè yon Pitit nan mwen. Jan mwen te eksplike nan chapit avan, premye bagay la se te pou m te padone papa m avèk kè m. Lè m te rive nan pwen sa kè m te lib men mwen te kòmanse panse kijan kè pitit la te ka restore nan mwen.

Mwen pa t ka jwenn okenn repons pou sa. Mwen t ap panse e t ap priye de sa anpil men anyen pa t parèt devan m. Kijan w ka fè rejwenn kè yon pitit ankò aprè ou te pèdi l? Ebyen, lè ou pèdi nenpòt bagay, ki kote ou ka jwenn li? W ap jwenn li kote ou te kite l la! Pa vre? Si w ka retounen kote ou te pèdi l la, l ap la. Li senp konsa.

Ebyen mwen te pèdi kè yon pitit, nan relasyon m avèk papa m. Se la mwen te fèmen l ebyen, pou m rejwenn kè yon pitit ankò, mwen te panse li t ap gen rapò avèk papa m, men mwen pa t konn ekzakteman kisa. Mwen pa t panse a okenn fason posib mwen te ka jwenn kè yon pitit ankò. Aprè yon tan mwen te kòmanse reyalize te gen yon bagay mwen te ka fè. Mwen te padone papa m pou tout sa li te fè yo e pou sa li pa t fè yo, an menm tan mwen te reyalize mwen te trete l nan yon fason ki pa t bon tou. Mwen te fèmen kè m pou li. Mwen te ka aji ak plis gras e plis padon. Mwen te ka gen plis rekonesans ak onè pou li. Se te chwa pa m pou te retire l nan kè m. Aprè sa sa vin nan lide m pou m te ekri l yon lèt e mande l padon pou tout bagay sa yo.

Lè m te yon ti gason lakay mwen, youn nan devwa m se te pou m koupe zèb pa dèyè lakay la. Mwen pa janm fè l san papa m pa ban m presyon pou m fè l. Mwen pa t janm fèl ak volonte m e mwen pa t janm fè l byen. Mwen te konn bat pou m rate kwen yo e inyore pati ki te bezwen koupe yo. Plis ankò, mwen te konn sòti lè m vin sot lekòl e rete jiskaske li fè nwa pou m pa fè travay pou m pa t gen tan pou m koupe zèb la. Mwen te kontan lè l fè lapli e mwen te itilize sa kòm yon eskiz. Si l pa fè lapli mwen te konn ale nan dlo pou m naje oubyen kenbe pwason. Finalman papa m banm presyon e fè m menas, li konn di m li pap kite m jwe ebyen mwen al koupe zèb la pandan m ap bougonnen. Mwen pa janm fèl ak volonte m menm yon fwa. Mwen t ap panse mwen te ka mande l padon pou sa e pou lòt bagay.

Te gen yon pwoblèm ak sa. Lakay nou, pèsòn pa t janm mande padon paske nou te konprann sa kòm yon siy feblès. Pèsòn pa janm mande padon e pèson pa t janm di yon lòt « mwen renmen w » sa yo se te siy feblès e mwen te pè mande papa m padon pou si l ta itilize sa kont mwen nan yon pwochen diskisyon.

Lèt La

Mwen te deside fè fòm lèt la pou m te ka wè kijan li t ap parèt men mwen pa t santi ke m te ka pran desizyon pou m voye l vrèman. Kanmenm mwen eksprime nan lèt la sa m te vle eksprime a. Mwen mande l padone m paske mwen pat janm koupe zèb la jan l te vle m fè l. Mwen mande l padon paske mwen pa t gen yon bon atitid anvè li. Mwen mande l padon pou diskisyon yo. Mwen mande l padon pou sa mwen te di l yo. Mwen mande l padon paske mwen pa t fè anpil nan travay li te mande m fè yo. Nan fen lèt la mwen di, « mwen mande w padon paske mwen te fèmen kè m pou ou lè m te gen 10 zan e paske mwen pa t yon pitit pou ou. » Aprè sa m mete lèt sou etajè a kote li rete pou 2 semèn jouk mwen mansyone sa ak Jack winter ki di, « Ebyen fòk ou voye l! » e li ale.

Kounya vin gen presyon! Mwen achte yon anvlòp ak yon tenb, m mete adrès la sou li, m mete lèt la ladanl aprè sa m mete l sou etajè a ankò kote li rete pou yon mwa. Mwen te konnen lèm te ekri l la, m te di tout sa m te vle di men mwen pa t vle li l ankò, paske mwen te kòmanse timid pou m voye l. Finalman, mwen konnen mwen te oblije voye l. Mwen te konnen yon jou kanmenm Jack ta pral mande m si m te voye lèt la ale e mwen te vle di l wi mwen te fè sa, ebyen mwen deside m pral « fè yon ti mache ak lèt la nan menm. » Mwen asire tèt mwen mwen pap voye l vrèman. Map jis fè yon ti mache bò kote bwat postal la.

Tou pre kote nou te rete a te gen yon bwat postal wouj. Mwen mache rive sou li e mwen fouye lèt la ladan l pou m lage l e m panse, « si m lage l l ap jwenn li. » Mwen kouri rale lèt la sòti ankò e m mache desann nan lari a. Lè m rive yon distans aviwon 30 mèt e mwen konnen mwen te oblije voye l. Mwen retounen, m fouye l nan bwat la e m lage l andan l! Imedyatman m santi tankou yon moun banm yon kout pye nan vant mwen. Mwen kòmanse kriye jiskaske m rive kote nou te rete a, m antre nan chanm nan, m kouche sou kabann nan m kriye, mwen te pè jan papa m t a pwal reyaji lè l resevwa lèt la.

Apresa nou monte ale nan nò nan eta Minnesota nan kan ministè Jack Winter te achte. Nou t ap kondi ale nan nouvo espas sant ministè a e mwen di Denise, « lè nou rive nan espas sa mwen ta renmen devni yon pitit pou lidè ki la yo. » Mwen pa t janm panse nan fason sa deja e mwen te etone pawòl sa yo te sòti nan bouch mwen! Se te premye siy chanjman! Se te pandan nou te la Jack Winter te vin preche sou lanmou Papa ankò. Mwen te tande l preche sou sijè sa plizyè fwa deja men m pa t janm konprann li vrèman. Mwen te konn mete ajenou bò kote l pandan l ap priye pou moun yo te eksperimante lanmou Papa. Mwen te konn wè lè moun yo ap kriye pandan blese ki te nan lavi yo t ap geri e mwen te konn santi onksyon an men m pa t konprann sa ki t ap fèt.

Transmisyon Lanmou Papa

Aprè m te fin tande Jack preche sou lanmou papa, fwa sa mwen te di l : « Anfen Jack m konprann sa w ap pale a, èske w vle priye pou mwen?" Li t ap tann okazyon sa pou l te priye pou mwen e l te aksepte. Li te mennenm nan yon ti chanm dèyè Sant ministè a e m te chita sou sèl chèz ki te nan chanm lan. Jack te met ajenou bò kote m lan, li gade m dwat nan zye. E l te mande m : « Eske w ka tankou yon ti gason ki bezwen pou yo renmen l ? » mwen di tèt mwen: «M gen 29 lane sou tèt mwen! M pa yon ti gason ankò ! » Men pandan m t ap gade Jack dwat nan zye l m te konnen ke l te wè m janm te ye a reyèlman. Pa deyò mwen te anfòm, fò, e kapab, men anndan m te yon ti gason ki te bezwen pou yo te renmen l paske mwen pa t janm konnen lanmou yon papa a.

An verite si w pa janm konnen lanmou papa a, ebyen ou toujou bezwen lanmou sa jodia. Mwen te reponn li : « M pa konnen Jack, men m ka eseye ! » Li te mande m pou m te pase men m nan kou l tankou yon ti gason ki bezwen anbwase papa l. Mwen pat janm anbwase yon gason deja nan tout vi m men m te pase men m nan kou l. Sa te parèt dwòl anpil pou mwen e m te vle kouri chape poul mwen. Men li te rapidman anbwase m e l te kenbe m trè fò. Li te montre klèman ke m pa t ap sòti la toutotan l pa t fini! li te repete yon priyè tou senp : « Papa èske w vle vini kounya e ke ponyèt mwen yo vin ponyèt pa w k ap anbwase jèn gason sa ». Nan menm moman se pa t Jack ki te kenbe m ankò, se Bondye ki t ap anbwase m. Li te kontinye : « Èske w vle vide lanmou w nan kè l paske li pa janm konnen yon papa tankou w ». Aprè de ou twa minit tout bagay te fini e li te leve kanpe.

Depi moman sa, se kòmsi tout bagay te diferan. Chak fwa m te kòmanse priye, mo « Papa » te sòti sanzatann nan bouch mwen. M te gen enpresyon lespri m te touche Papa a. An reyalite se papa a ki te touche lespri m. Kèk mwa pi ta nou te pran avyon ankò pou ale Nouvèl Zeland. Nou te al viv lakay manman Denise Taupo, kote n ap viv kounya. Nou te rete pandan de semèn men m pa t vle al wè paran m yo paske m te pè dekouvri reyaksyon papa m konsènan lèt sa. Kèk semèn pi ta finalman mwen di Denise : « Nou vrèman dwe ale. Ebyen ann fini sa pi vit ke posib ! » Nou te monte machin lan, nou kondi ale, e pase aprè midi a avèk paranm yo anvanm te rantre Taupo. Papa m pa t janm mansyone lèt la.

Nou te vizite yo ankò kèk mwa pita, men li pa t mansyone lèt la toujou. Epi yon lòt vizit kèk mwa pita e yon lòt fwa ankò li pa pale de sa. Senkan pase. Mwen te gen trannsenkan (35 an) e papa m te toujou pa t mansyone lèt la ebyen m te kòmanse ap mande tèt mwen si l te resevwa l menm. Epi yon jou, mwen mande manman m : « Lè nou te Ozetazini, gen kèk ane de sa m te ekri papa m yon lèt, èske l te resevwa l ? Manman m te reponn mwen : « O wi ! li te resevwa l. Dayè li toujou genyen l. Li sere l nan yon tiwa bò kot kabann li an ! » Lè l te di sa a, m te konprann lèt mwen an te presye pou papa m. Li te twò presye pou l te pran risk fè yon diskisyon. Papa m te enkapab pou l te di : « Mwen padone w pitit gason m » oubyen « mwen renmen w » oubyen yon lòt bagay konsa. Li pa janm di anyen de yon bagay konsa men m reyalize sa te presye pou li e m kwè li padone m. Anpil ane pase e yon jou mwen deside di papa m mwen renmen l.

M pa t resanti lanmou nan kè m pou papa m, men m te panse si m te aktive volonte m pou m di l ebyen Bondye t ap onore sa pandan l t ap banm kèk santiman lanmou. Tankou batisè yo ki fè siman koule nan strikti an bwa ke yo fè yo deklarasyon lanmou m nan t ap chapant ki t ap pèmèt BonDye vide kèk bagay. M t ap pwononse mo : « mwen renmen w » pandan m kwè BonDye t ap banm kèk santiman lanmou pou papa m. An verite m te prefere monte jis anlè Montay *Everest (montay ki pi wo nan monn lan).* Se te yon gwo bagay pou m te fè. Men nan tout diskisyon m te gen ak papa m, li te aprann mwen yon bagay : di sa ki petèt difisil pou lòt la tande. An verite Sa te trè fasil pou m te fè nan epòk sa. Kidonk m te pran desizyon pou m te di l mwen renmen l.

« Mwen Renmen W, Papa ! »

Nan lòt vizit nou an, m ta p chèche yon opòtinite pou m te di l sa. M te espere l t a pwal nan kwizin lan, m t ap swiv li, m t ap pran yon vè dlo e m t ap di l : « Kidonk papa, mwen renmen w ! » aprè m t ap retounen nan salon an. Men li pa t janm ale nan kwizin lan e m pat janm gen chans pou m jwenn li pou kont li. finalman nou t ap kite kay la pou n ale lakay nou e mwen ta p panse ke mwen te rate opòtinite an. Papa m te gen yon abitid patikilye : chak fwa yo te rann li vizit li te toujou kanpe nan kwizin lan ke w te dwe travèse pou w te soti nan kay la. Li te met do l nan frijidè a e bay moun ki t ap soti yo lamen. Papa m pa t aprann mwen anpil bagay nan lavi m, men lè m te gen katran (4 an) li te aprann mwen kijan pou m bay yon moun lamen. M toujou sonje sal te dim yo mo pou mo ak tout detay: "Lè w ap bay yon gason lamen: byen fèm! Pa yon fason ki mòl! Ou souke de ou twa fwa epi w lage. Pa manyen yon gason pou twòp tan ! »

Kidonk nou ta p kite kay la e m kenbe men papa m, m sekwe l de ou twa fwa fèm aprè m lage l, epi m sòti nan pòt la. Li souke men lòt moun yo e nou te kite kay la. Pandan m te rive deyò a, nan kwen kay la mwen di: "Fòk mwen fè l kounya!" pandan m vire gade dèyè nan direksyon manman m ak papa m e mwen di, "Orevwa manman ak papa. Mwen renmen w, Papa!", epi m mache byen vit pou m vire nan kwen kay la. Denise ak timoun yo kouri dèyè m byen vit nan machin lan e nou pati! M pa tande ni rèl, ni gwo bri, ebyen mwen te fèl san pwoblèm!

Pandan lòt vizit lan m panse ke mwen te ka fè menm bagay la ankò. Mwen t ap di l, « mwen renmen w » ankò. Fwa sa a pandan m ap bay lamen bò frijidè a, m fè menm jan m te fè premye fwa, fèm- souke de ou twa fwa, men fwa sa m pat lage men l e li leve tèt li pou l gade m. Mwen gade l nan je e mwen di l « Mwen renmen w papa », epi m lage men l e mwen sòti deyò kay la. Lè m rive sou lakou a, mwen vire pou m gade dèyè nan kay la e mwen wè papa m kanpe la toujou, ap gade men li. Papa m pa t janm tande yon moun repete l mo sa yo nan tout vi l, sitou nan bouch yon gason. Manman m te repete l mo sa yo pou yon ti tan anvan e aprè yo te marye men aprè li sispann. Pandan m santi kouraj mwen ap grandi m te deside refè menm bagay la pandan lòt vizit la.

Pandan ke nou ta pwale, li lonje men l ban mwen e mwen te santi l te yon ti jan difisil! Fwa sa a, olye m pran men l, mwen anbrase l pou premye fwa nan vi m pandan m t ap di l tou piti: « Mwen renmen w papa » nan zorèy li. Li souke tèt li tou piti men se tankou m t ap anbwase yon pye bwa. Tout chè nan kò l te rèd. Aprè sa m sezi opòtinite pou di l '' mwen renmen w, Papa''chak lè nou vizite l.

Sa te gen twazan depi papa m te rele m sou telefòn yon jou swa. Dabitid, Se manman m ki kon toujou fè apèl yo e se te dezyèm fwa nan vi m ke papa m te rele m. li te di: "Gen yon match rugby nan vil la tou prè lakay ou a ke m pwal asiste. M te vle konnen si m te ka pase dòmi lakay ou?" Epi l ajoute : « Mwen gen yon bagay mwen vle di w ». Papa m pa t janm konn dòmi lakay nou. Li te pase lakay nou youn ou de fwa sèlman nan 18 tan maryaj nou. Li vini aprè match la e Denise te prepare yon bon ti manje pou li. Nou te manje ansanm epi l di : « Gen yon bagay ke m ta renmen pale avè w » Denise te al jere lòt bagay nan kay la epi l te kite nou poukont nou.

Nou fèt tout apremidi a chita la e li pa t ka dim sa l te gen pou l dim nan. Li kòmanse sou sijè tanzantan. Li di, « Mwen vini paske m te vle di w yon bagay. Mwen anvi di w li ». Pandan sa li gade m, kòmsi li te anvi fè pawòl yo soti men li pa t kapab e li jis te kòmanse pale de match rugby ankò, oubyen yon lòt bagay. Se te lè sa li te di m, « Mwen pat janm tande yon moun repete m mo sa yo déjà nan vi m sèl manman w. » li ajoute, « M te konprann ke gason pa t konn di gason sa ». Epi li di m : « Pandan gè a nou pa t fè zanmi ak pèsòn paske lè yo mouri ou paka fè travay ou. » Tout pawol sa te soti nan bouch li padan li te chita avèm.

Se mwen ki pi jèn nan fanmi m. Frèm lan se syantis e paran m te asiste tout seremoni remiz diplòm li avèk fyète. Se te premye moun nan fanmi an ki te ale nan inivèsite, petèt depi jenerasyon Adam nan jaden an ! Sè m lan te travay emisyon televizyon e paran m yo te konn gade lis non moun yo te kon bay apre emisyon chak jedi pou yo te ka wè non l afiche. Yo te fyè de li anpil. Nan fanmi m mwen te moun ki te gen pi gran potansyèl lekòl, men sèl sa m te vle fè se te chase sèf ak viv apa nan mon yo. M pa t fè anyen nan sa paran m te vle pou m fè papa m pa t fyè de mwen. Li te santi ke mwen te fè l wont. Lè m te vin kretyen, sa te vin pi mal. Se te yon sijè dispit antre nou. Jou swa sa, pandan l te ret dòmi lakay nou aprè match rugby an, li te di m : « Gen yon lòt bagay ke m ta renmen di w ».

Li vin trè serye. Se te difisil anpil pou l te pale de bagay yo men li dim, « Gen yon jou k ap rive kote ap rete sèlman manman w oubyen mwen menm... », e se sèlman sa li te di. Li te gade m tankou l t ap di : « Tanpri konprann sa m vle di w la, silvouple paf è m di w tout bagay! Mwen te etone dèske li ta p mande m sa. M te pitit gason l ki te pi piti a e se sa ki te echwe l tout sa li te atann de mwen. Sèlman sa mwen te ka dil, « Papa si yon jou ou oblije rete pou kont ou ou ka vin viv lakay nou ! » Epòl li te detann kòmsi yon pwa te soti sou kè l, men li pat di sa li te vini pou l te di a toujou.

Anpil tan pase : li te prèske minwi e li retounen sou sijè a : « Mwen vini paske m te vle di w sa ». Li te rapwoche l, men li pa t rive di l. anfen li te di : « M te vle w konnen ke », pandan lap gade m ak souplès « ede m di l ! » M pa t ka fè anyen pou m ede l. sèl sa m te ka fè se te ret chita e tann jiskaske l di l e finalman… li pa t jan m di l, men l te vin pi pwòch. Li te lache mo sa yo : « M te vle w konnen ke manman w avè m renmen nou, nou tout pitit nou yo ». mwen te reponn li : « Mwen renmen w tou Papa » e li souke tèt li an akò komsi pou m te rekonèt sa l te vle di vrèman.

Mwen Renmen W Pitit Mwen !

Anpil ane pase e yon jou papa m te rive di m mo sa yo. "Mwen renmen w pitit mwen". Se te nan lane 2001 e li etène lopital pou aviwon sis ou sèt ane. Akoz maladi sik li te pèdi pye dwat li e li pat ka wè byen nan je l yo. Li pa t ka gade tele ankò. Sèlman sa li te ka wè se limyè nan fenèt la e pat ge anyen enteresan deyo fenèt la. Li te fè plizyè atak kè minim e li te pèdi memwa koutèm li malgre memwa longtèm li te toujou nomal. Mwen te al wè l paske nou ta pwal fè yon long vwayaj misyonè an Ewòp e, se pou premye fwa nan vi m, mwen te ka gen yon konvèsasyon avèl kote pat gen diskisyon. Tout anvi fè diskisyon te soti nan li.

Mwen rakonte l janm te santi m lè timoun pandan tout diskisyon nou te genyen yo. Li te jis ap koute m e ap konprann, san okenn anvi pou fè diskisyon. Pandan nou tap pale li di pandan twa fwa « mwen dezole » Papa m pat janm mande pèson padon déjà. Pandan twa fwa jou sa li dim li, « Mwen renmen w pitit gason m » pandan m tap soti nan pòt la li di, « Oh plis ankò ! » Mwen vire gade l e li di, « Ou konn yon bagay, mwen te toujou renmen w ! »

M sonje m te pase lakay manman m, aprè m te fin kite l lopital la e rakonte l sa nou te pale e sa Papa m te di epi li di, « lè w te kon femen pòt la dèyè w byen fò e soti deyo nan nwit lan. Ou konnen sa l te kon fè ? Li te kon ale nan douch la e take pòt la. Li pa t kitem antre andan douch la paske li tap kriye. »

Kèk tan pita, nou te an Anglètè e nou ta p tèmine avèk yon pwogram ki te vrèman fatigan. Sete denye reyiyon an e nou tap priye pou rès moun ki te la yo. Youn nan mesye yo nan legliz la vin kote m e li di m, « James, ou gen yon apèl Nouvèl Zeland. Se frè w la » M te konn kisa l te ye, asireman. Mwen te di tèt mwen kisa m t ap fè si papa m ta mouri pandan m nan peyi etranje. Eske m ta dwe anile konferans yo ? Eske dwe antre ? Eske sa t ap enpòtan ? Kisa m te dwe fè ?

Mwen te al pale ak frèm Lan e l te di m papa m mouri nan trant minit ki sot pase yo e l te ensiste pou m te rantre pou m te ka reskonsab antèman l. Mwen te pati ankò pou Nouvèl Zelann pandan Denise te rete Anglètè. Antèman an te fèt nan demen lè m te retounen an epi m te eksprime sipriz mwen ke papa m te vle m reskonsab antèman l. li te toujou ap fè diskisyon avèm e l te ban m enpresyon ke l te opoze anpil ak krisyanis la.

Mwen sonje m te kanpe devan pandan map pale nan antèman. Te gen yon gwo foul moun la e mwen gade nan sal la e mwen tap panse eske gen moun la ki te renmen papa m sensèman. Li te fè diskisyon ak tout moun. Padan gade sèkey la ki te bò kote m nan mwen panse, « Pètèt li te vle m pale nan antèman l paske l te konnen mwen te gen yon kè pitit pou li mwen se yon vrè pitit pou li. »

Kè Pitit

Sa se te lavi m avè k papa m. Lè m ap repanse, pati ki te pi mèveye pou mwen se te lè m te glise anvlòp la nan fant bwat lan. Poukisa ? paske depi lè m te lage anvlòp la ak lèt la, BonDye te restore kè pitit la nan mwen e sa se te pòt ki te pèmèt mwen konnen papa selès mwen.

Mwen kwè anpil nan nou pèdi kè pitit nou anvè papa natirèl nou oubyen manman natirèl nou. Kòman pou rekipere l ? N ap jwenn li kote nou te pèdi l la.

Verite a se, nou pa ka reyèlman konnen Papa a mwens ke nou gen yon kè pitit. Li kapab touche nou. Nou ka viv yon eksperyans lanmou l. nou ka menm santi lanmou l touche kè nou ak emosyon nou. Men nou pa ka gen yon relasyon entim avè l antanke papa si nou pa gen yon kè pitit. Anpil moun rankontre Papa selès la, men se sèlman sila yo ki gen yon kè pitit ki ka gen yon relasyon avè l antanke Papa. Pandan n kòmanse konnen l tankou yon Papa epi lanmou l kòmanse touche e ranpli kè nou, menm lanmou sa ap vin geri kè w ankò e ankò. Lanmou sa disponib e l kontinye ap devèse sou fondman kè ou jiskaske l ranpli tout twou yo. Yon fwa ke tout twou yo konble, nivo l ap kontinye monte jiskaske l mennen w nan yon stad kote lanmou l ap tankou yon oseyan ke w ka naje ladann.

Pliske anpil nan nou te fenmen kè nou ak papa terès nou e te pèdi kè yon pitit gason oubyen pitit fi, pètèt ou gen yon lèt pou w ekri a youn oubyen tou 2 paran w yo tou. Pètèt siw te rele yo sou telefon pou w pale avèk yo, oubyen pale avèk yo fas afas tap pi bon. Mwen kite sa pou w deside, men gen de bagay ke m asire m. Dabò, si w pa gen yon kè pitit pou paran ke BonDye ba ou yo, ou pa p ka gen yon vrè relasyon ak Bondye kòm Papa e w ap viv vi w pyeje nan atitid ak pèspektiv òfelin.

An plis, si w angaje nan yon ministè kretyen kèlkeswa, efikasite w ap toujou bloke paske pou w tankou Jezi, ou dwe dabò gen yon kè pitit. Si w pa gen yon kè pitit, aptitid pou w pale ak aji tankou Jezi avèk kè w ap limite. Ebre 1 :1 di : « Nan tan lontan, BonDye te mete pawòl nan bouch pwofèt yo nan divès okazyon ak divès jan pou l te ka pale ak zansèt nou yo, nan dènye jou sa yo, BonDye pale avè nou a travè pitit li a ». Li toujou prefere pale atravè pitit li yo! Revelasyon sa de Papa a ak lanmou l trè trè enpòtan pou avni legliz la, e pou lavi nou edividyèlman.

CHAPIT 5

Bondye se Vrè Papa nou

∼

Lè m te yon jèn Kretyen mwen te kòmanse mande Senyè a pou l pèmèt mwen wè bagay yo jan Li wè yo. Mwen te vrèman vle konprann lavi jan Bondye wè l. Pwovèb 14:6 di, « konesans fasil pou moun ki gen konprann. » Anpil moun chèche konesans, men si w gen konprann konesans vini fasil. Mwen te vle viv lavi m pi pwòch ke posib fason Bondye viv. Lè nou wè bagay yo atravè pèspektif Bondye sa fè nou konnen yon lapè ki reyèl e k ap dire nan lavi nou. Konesans ka mennen konfizyon men lè gen konprann ou gen lapè paske ou ka wè bi Bondye dèyè tout bagay.

BI LAVI A

Lè m te gen 12 zan, fanmi m te kite ti vil pwovens kote mwen te grandi a. Mwen te renmen viv la e mwen pa t kontan dèske nou te oblije ale, men nan mitan konfli etènèl mwen mwen te kòmanse gen yon grangou pou m konprann lavi a. M ka sonje lè m ap soti deyò a nan nwit pou m gade zetwal yo, m ap raple pawòl pwofesè m nan ki di etwal sa yo san limit. Pa gen yon miray nan lespas. Li di, menm si te genyen yon miray, kisa ou panse ki t ap dèyè l? » Sa te fè ti tèt mwen panike, paske mwen t ap panse ke menm si te gen yon bagay nan fen egzistans, kisa li t ap ye? Li san bout!

M sonje lè m ap mande paran m kisa ki bi lavi? Poukisa lavi? Kiyès nou ye vrèman e kisa n ap fè la? Kisa tout sa vle di? Kòman mwen fè vivan? Kijan mwen fè ka panse e mwen gen konsyans? Lè m te ti moun mwen te vrèman boulvèse ak kesyon sa yo. Gen yon mesye ki te di m konsa, « Pa enkyète w de sa, lè w vin pi gran sa pap ba ou pwoblèm twòp. » Se te pi move repons mwen te tande. Li pa t satisfè m ditou. Mwen di tèt mwen konsa, « asireman nonm sa te konn poze tèt li menm kesyon sa yo lè li te timoun e kounya li vin gran e li pa jwenn repons lan jiska prezan.» bagay sa yo te twouble espri m. Li pa pi fasil pou w konprann kesyon sa kounya ke avan.

Lè m te lekòl yo anseye m se evolisyon ki repons pou kesyon sa yo. Anpil nan nou te aprann ke parèt nou sou tè sa se yon rezilta yon pakèt aksidan san kanpe k ap fèt. Pa gen yon bi dèyè sa ditou. Lavi se jis yon efè kondisyon yon tan, mele avèk reyaksyon chimik ki sòti nan mineral, e ti kal pa ti kal sot nan aksidan sanzatann sa nou menm moun vin egziste. Plis ankò, tan ap pase e tè a kontinye ap fè wonn solèy la vire sou pwòp òbit li. Pandan tan ap pase sa pral ralanti. Solèy la ap pèdi chalè li e tout bagay sou latè ap mouri. Nan analiz final la, bi total tout sa rezime a anyen ditou.

Mwen kòmanse panse poukisa mwen oblije ale lekòl? M t ap mande, "poukisa m oblije ale aprann kijan pou m fè plis lajan? Jis pou m ka gen timoun ki toujou pa gen repons pou kesyon sa? Sèvre y ap resevwa yon edikasyon men y ap oblije viv yon vi difisil pou yo ka viv finansyèman – e y ap kontinye viv yon vi san objektif jiska dènye jou yo? E finalman solèy la vin frèt e tout bagay ap disparèt e totalite bi tout sa yo te absoliman anyen?" Li te difisil pou m te motive tèt mwen pou m akonpli anyen. Mwen te kesyone dwa lòt moun pou di m kisa ki te bon oubyen kisa ki te mal oubyen kijan pou m te viv vi m.

Sa gen kèk ane te gen yon rapò nouvèl, ki di ke (nan tout peyi devlope yo) Nouvèlzeland gen plis jèn moun ki touye tèt yo. Rapidman ekran televizyon te plen avèk moun k ap bay opinyon yo sou rapò sa. Politisyen t ap fè entèvyou e ap bay opinyon yo. Anpil sikològ ofri plizyè teyori yo. Mwen pa fè kòmsi opinyon pa m pi valab ke pa yo – men mwen kwè ke si y ap enstwi jèn timoun sa yo ke lavi yo pa gen okenn bi, e lavi se jis yon evennman biolojik san valè ebyen poukisa pou yo pèdi tan nan soufrans? Mwen ka antyèman konprann rezon jèn moun sa yo ap tiye tèt yo si yo kwè evolisyon vrè. Y ap panse poukisa m pa jis fini ak sa? Poukisa pou m tann lavi fini natirèlman?

Nou Tout Se Desandan Bondye

Sa m ta renmen gade kounya se yon bagay ki pote anpil lapè pou mwen. Li ban mwen yon kapasite tankou jamè pou m gen trankilite nan kè m konsènan pwoblèm mwen gen pou m fè fas ak yo nan lavi. Pandan ane yo ap pase, mwen vin konprann yon ti kras plis e wè kèk bagay nan yon lòt pèspektif trè diferan. Te gen yon tan nan lavi m kote mwen te santi ke mwen te gen yon konpreyansyon total de levanjil la. Tout te parèt lojik pou mwen tandiske lè mwen gade pwòp lavi m mwen te manke kredibilite. Mwen te ka wè lavi m te manke pisans ak otorite ase pou m te ka vrèman beni lavi moun ki vin an kontak avè m. Si m te konprann levanjil la vrèman poukisa plis bagay pa t ap fèt? Poukisa mwen pa t wè fwi e efè tankou nan lavi Jezi? Ebyen mwen te pase tan pou kont mwen ak Senyè a. Mwen te remèt ba Li tout sa yo te anseye m e mwen te mande pou l pirifye konprann mwen e ouvri kè m pou Li ka enstwi m plis.

Mwen te mande pou tout verite mwen te jwenn ta pase nan laye pou vannen yo nan lanmou Li e pèspektif Li. Ebyen Li te kòmanse enstwi m anpil bagay an plis.

Youn nan bagay ki te kòmanse chanje konpreyansyon m se te mesaj Pòl anvè filozòf Atèn yo nan liv travay la nan chapit 17. Mwen kwè si w ka vin konprann enpe nan sa m ap ekri sou chapit sa, li ka fè yon gran diferans nan fason w ap viv vi w e jan ou eksperimante relasyon ou ak Bondye. Pandan w ap li pasaj sa mwen ta renmen w note ke pa t gen yon grenn kretyen pami moun ki t ap tande Pòl. Nan diskou sa, Pòl di,

« Bondye ki fè mond lan ak tout sa ki ladan l se Senyè syèl la ak latè a e Li pa viv nan tanp ki fèt avèk men, e li pa jwenn sèvis nan men lòm, tankou li te bezwen Kèk *bagay, paske se Li menm pou kont Li ki bay tout moun souf e tout lòt bagay. Atravè yon sèl moun Li fè tout nasyon, pou yo te ka viv sou tout tè a.* » (v24).

Sa se yon deklarasyon ki vrèman entèresan. "Atravè yon sèl moun Li fè tout nasyon, pou yo ka abite sou tout tè a." Pou n te abite sou latè e ranpli latè se te yon kòmandman Bondye depi nan Eden. Imanite te sipoze epapiye e abite sou tout latè. Apresa apòt la kontinye,

".....e Li deside konbyen tan y ap fè e ki kote egzak yo t ap rete."

Kite m fè yon komantè brèf la: se pwen esansyèl la mwen vle fè pase, men sa se yon deklarasyon Pòl fè la. Bondye deside tan nou t ap fèt e kote nou t ap fèt. Nou sòti nan nasyon diferan e diferan kilti. Moun ki dekouvri oubyen peple latè pa t ap fòseman eseye fè volonte Bondye, men nan mitan tout sa, yon fason kanmenm kote ou te fèt la e lè ou te fèt la te fè pati plan Li pou tout imanite. Se pa yon erè mwen se yon Nouvèl-Zelandè e ou se nansyonalite ou ye a.

Se pa yon erè paske se te Bondye ki te detèmine lè pou ou e kote egzak ou t ap viv. Li fè sa pou imanite te ka chache Li.

Apre sa Pòl fè yon lòt deklarasyon ki vrèman entèresan kote li repete pawòl yon ekriven ki pa t relijye te di. Fòk ou konprann ke Pòl se te yon moun ki te briyan entelektyèlman. Li te elèv Gamaliel ki te premye pwofesè nan sèk farizyen yo. Li te elèv ki te pi fò pami elèv yo nan tan li. Li di ke li te depase tout lòt yo ki te nan klas li. (Galat 1:14) nan yon lòt kote (2 korentyen 11:5) li di li "pa t enferyè ak pèsòn." Li te grandi nan vil yo rele Tasis, ki te yon vil inivèsite Anpi Women an. San dout li te rive atenn pi wo nivo nan obsèvasyon relijye ak konesans.

Depi nan laj 12 zan li te gentan memorize yon gran pati nan liv Jenèz, Egzòd, Levitik, Nonb ak Detowonòm. Se te sa ou t ap atann de yon ti gason nan yon plas konsa. Li te yon jèn gason briyan, e mwen imajine (Paske li te grandi nan yon vil inivèsite) li menm ak fanmi li te ekspoze ak plizyè kilti nan Anpi Women an. San dout li t ap ekspoze a kilti grèk la, ki te yon kilti dominan nan tan sa e li te aprann petèt yon poèm Grèk de Aratus, yon ekriven ki te viv nan pwòp vil li nan Tasis), li te k ap sonje. Nan pasaj sa, Pòl t ap pale ak yon gwoup elit Grèk ki te filozòf nan vil Atèn lan. Nou konnen ke moun Grèk sa yo te fè anpil atansyon pou yo pa t ofanse dye yo. Yo te trè relijye nan filozofi yo e yo te vle kouvri tout baz yo, yon fason pale. Ebyen yo bati yon lotèl pou yo onore dye yo pa t konnen an.

Filozòf sa yo te tande Pòl t ap preche nan vil la ebyen yo mande l pou l vin pale avèk yo. Pandan li t ap pale avèk yo li site poèm Grèk sa. Sa etone m o mwen yon grenn liy ekriti ekriven an anrejistre nan la bib kòm ekriti sen an. Mwen kwè li pa t reyalize li t ap ekri vèsè biblik lè li ekri sa. Sa ki plis Pòl site pawòl sa kòm verite, se te sajès Bondye. Se ekriti enspire e ki enspire pa Espri Bondye. Nan yon fason Li soufle sou sa ekriven Grèk sa te ekri, e Pòl itilize l pou l te ka genyen filozòf sa yo. Li di,

"Nan Li (l ap pale de Bondye Jwif yo) n ap viv e ap fè mouvman e nou egziste. Menm jan enpe nan pwòp ekriven nou yo te di, ke nou se desandan li yo vrèman."

Nan vèsè 29 li kontinye poul di, "puiske nou se desandan Bondye…"

Mwen li pasaj sa plizyè fwa deja mwen vrèman rekonèt li. Lè m te rekonèt sa, li te vini tankou yon konfizyon pou mwen paske Pòl t ap pale avèk yon gwoup ki totalman pa t kretyen e li di yo, « nou se desandan Bondye. Nou se pitit Bondye. » Yo te ensui m ke mwen te vin pitit Bondye lè m te vin kretyen. Mwen te devni pitit li nan moman mwen te fèt yon dezyèm fwa, e toutotan mwen pa fèt yon dezyèm fwa mwen pap ka antre nan wayòm Bondye. E sa se verite absoli. Sepandan, sanble gen yon pwoblèm la pandan mwen t ap li sa paske Pòl t ap di filozòf Grèk sa yo," piske ou se pitit Bondye, piske nou desandan L, piske nou sòti nan Li, piske nou se pitit li…" Pwoblèm mwen mwen pa t ka konprann kijan Pòl te ka di moun Grèk sa yo ki pa t kretyen se te pitit Bondye!

Mwen vle di trè klèman nan moman sa ke nou pap janm eksperimante okenn nan benefis pitit Bondye si nou pa fèt yon dezyèm fwa. Paske Sa li absoli e pa gen deba sou sa, Men gen yon bagay an plis nan sa Pòl t ap di la pou pawòl sa yo ka ekriti enspire e poul reyèlman vre. Yo te toujou di m avan m te kretyen, mwen te mache nan fè nwa. Yo te di m an reyalite ke se satan ki te papa m paske mwen t ap mache nan chemen l. Men Pòl di la nou tout, se pitit Bondye menm moun ki pa fèt yon "dezyèm fwa" se pitit Bondye. Sa te pran m pa sipriz, mwen te aprann ke nou te fèt ak Espri Bondye, e lè nou fèt ak Espri Bondye se aksè nou pou nou devni pitit Bondye. Pòl t ap di yon lòt bagay, kanmenm, ki sanble kòm yon bagay nou pa t ap konsidere pou l yon bon doktrin kretyen. Li vrèman sanble ak yon fòm inivèsèl. Ebyen mwen t ap eseye konprann sa e Senyè a te kòmanse ban mwen kèk eklèsisman.

Pandan n ap konsidere sa, li trè enpòtan pou n konprann yon bagay :Lè Bondye te kreye Adan ak Eve nan jaden Eden nan, objektif li pou yo se te pou yo pa t peche. Teyolojyen yo diskite sa pou anpil ane sou èske Bondye te konnen depi davans si Adan ak Eve ta pral peche. Pa gen yon gwoup ki dakò sou gwoup sa ditou. Men, sa nou konnen se plan Bondye te gen pou Adan ak Ev se te yo plan reyèl. Objektif Li se te pou yo pa t peche, ebyen pou nou konprann kesyon sa ke tout moun sou latè se pitit Bondye, fòk nou konprann definisyon mo redanpsyon.

Redanpsyon

Sa redanpsyon vle di vrèman se ''rachte.''

Mwen gen yon mont ke mwen te resevwa kòm yon kado nwèl. Yo te achte l pou mwen, mwen paka janm di ke mont sa te rachte. Lè Jezi te achte ou avèk yon pri se achte Li te achte ou ankò, Li rachte nou. Achte yo te achte mont mwen an pa yon « redanpsyon » pou yon rezon senp. Ou ka sèlman rachte yon bagay ki te pou ou deja. Redanpsyon ke jezi te akonpli atravè lanmò Li sou la kwa se te achte Li t ap achte ankò sa ki te pou Bondye deja. Jezi pa t achte nou Li achte nou ankò!

Kidonk, nan yon vrè sans, Krisyanis vrèman eksplike redanpsyon lè nou konprann avan nou te pechè nou te pou Bondye. Pou Li nou te ye, men sa pa t kòmanse avèk nou, li te kòmanse nan lavi paran nou yo, Adam ak Èv. Lè yo te sou tè sa nou chak te nan yo paske nou tout te sòti nan yo. Kisa ki te te bi Bondye pou ou? Bi li se te pou Adan ak Ev pa t janm peche e kontinye miltipliye jan li te di yo. Yo t ap miltipliye, ranpli latè e domine sou li. Sa se te plan Bondye pou yo te akonpli. Bi li (e li te yon plan reyèl) se te pou lòm te ka ranpli latè san Adan ak Ev ni lòt moun pa t janm peche.

Plan Orijinal La

Imajine kijan lemond t ap ye si Adan ak Ev pa t janm peche. Ou ka imajie kijan lavi w t ap ye? Li t ap vrèman diferan de jan w te eksperimante l. Si Adan ak Ev pa t janm peche yo t ap toujou vivan jodia! Ou te ka ale lakay yo e frape pòt yo, e Adan t ap vin reponn e envite w antre anndan. Yo t ap vivan Kounya pou yon bon tan, men yo t ap toujou jèn. Mwen kwè si Adan ta antre nan yon espas jodia, tout moun ki la t ap kouri tonbe adore l akoz de aparans li. Nou t ap panse se te Bondye, paske Adan te kreye nan imaj Bondye.

Si peche ak lanmò pa t antre, Adan ak Ev t ap gade dirèkteman nan figi Bondye chak jou pou dè milye ane. Li pa t ap yon revelasyon limite, men yo t ap ka gade sou revelasyon total sa Bondye ye. Apre Moyiz te sòti desann sou montay la, vizaj li te tèlman plen avèk glwa Bondye tout pèp la te vin pè. Li te oblije kouvri figi li avèk yon mouchwa pou yo te ka sipòte jan l te ye aprè li te fè sèlman 40 jou sou montay la. Adan ak Ev t ap mache ak Bondye pou plizyè mil ane. Sa ki plis, tout moun ki te fèt t ap vivan toujou jodia – sa vle di paran ou yo, gran paran ou yo, gran gran paran ou yo, e odela! Chak grenn moun t ap vivan paske pa t ap gen yon bagay yo rele lanmò.

Lanmò se yon bagay ki vrèman difisil pou n jere paske pa gen anyen nan nou ki te kreye pou n ka jere l. Nenpòt fòm desepsyon, solitid oubyen touman, difisil poun jere paske nou pa gen yon bagay konstwi nan nou pou jere yo. Nou pa t konstwi pou mond sa jan li ye a jodia. Nou te konstwi pou yon mond kote Adan ak Ev pa t janm peche.

Konsidere yon lòt gwo diferans. Chak grenn moun ou te vin an kontak avèk yo pandan tout lavi w t ap eksprime lanmou absoli sèlman, akseptans, e bèl bagay anvè ou. Yo t ap plen avèk yon sans kòman w bèl anpil, e rejwi pou l ansanm avèk ou. Yo t ap selebre gran talan ak resous ki vini sou tè a akoz ou menm ki la. Aprè sitiyasyon nou chak pandan nou te fèt nan mond sa t ap yon afimasyon ki t ap gen yon gwo efè sou nou.

Nou paka imajine kalite jwa nou t ap eksperimante si Adan ak Ev pa t peche. Li difisil pou nou sezi l men sa se lavi Bondye vle pou nou te viv. Imajine w kijan li te ye pou Adan fèt tou granmoun avèk yon resous panse, emosyon, kè ak volonte, avèk tout abilite pou l panse korèkteman. Entelèk li t ap depase nou tout. Daprè syantis yo, nou sèlman itilize 10 pousan kapasite sèvo nou. Adan t ap operasyonèl nèt avèk 100 pousan kapasite mantal li e entèlèk li. Li antre nan mond sa e imyedyatman resevwa e eksperimante lanmou total Bondye vide nan li san anpèchman.

Menm moman li te antre nan mond sa li t ap ranpli avèk yon sans ki temwanye lanmou ak grandèl, paske li t ap gade nan je Bondye Papa menm kote li te pran premye souf li. Pandan Adan te ouvè je l yo, ki se fenèt nanm nan, e li fikse l nan vizaj Bondye Papa, nanm li t ap ranpli ak Papa. Bondye se lanmou, e bi Li se pou tout pitit gason ak pitit fi depi sou Adan ak Ev te ka ranpli avèk menm lanmou sa, menm revelasyon sa, menm sibstans sa, chak grenn jou nan lavi yo atravè istwa e pou etènite.

Nou te konstwi pou kalite egzistans sa. Nou te konstwi pou nesans natirèl nou te ka yon aksè nan eksperyans konplè Bondye kòm Papa nou. Nesans natyiyèl nou tap akeyi nou nan benediksyon konenn Bondye kom papa nou e nou menm kom pitit gason l e pitit fi l. nou patap gen yon mo pou « sekirite » paske nou pa tap gen konsyans pou nou konsevwa anyen mwens ke la pè e sekerite total. Konsepsyon perèz pa tap egziste.

Manman w avèk papa w pa t ap moun yo te ye avè w. Yo t ap leve w trè diferan. Paran paran w yo (gran paran w yo) t ap tèlman ranpli avèk lanmou Bondye Papa, ke lanmou yo anvè paran w t ap yon ekspresyon pafè de Bondye menm, depase tout sa ou te eksperimante. Kite m repete sa yon fwa ankò. *Nesans natirèl nou t ap yon aksè nan tout benekdiksyon Bondye kòm Papa nou, e konnen prezans Li, Provizyon Li, lanmou Li, swen Li ak diresyon Li chak benediksyon nan kè Li pou nou.*

Dezyèm Nesans

Kòm nou konnen trè byen, Adan ak Ev te peche. E akoz Adan e Ev te peche, Bondye te oblije kreye yon dezyèm nesans pou l mennen nou nan konesans lanmou Li kòm Papa nou, e pou mennen nou nan tout eksperyans Li menm k ap yon Papa pou nou. Ebyen Li te voye Jezi vin mouri pou nou, Papa t ap ouvri yon pòt e Jezi te devni pòt la. Jezi pa t ouvri pòt la se li menm ki pòt la.

Bondye Papa a te ouvri pòt la pou nou te ka retouen vin jwenn Li. Pou nou te tounen pou nou te ka yon fwa ankò gen aksè a tout sa Adan e Ev te pèdi. Se sa sa vle di rachte! Rezon Bondye te genyen pou l te voye Pitit Li vin sou latè pou nou se te pou l te rachte tout sa ki te pèdi lè Adan ak Ev te peche. An reyalite Li rachte plis ke sa ki te pèdi yo. Paske, olye pou nou te pitit gason ak pitit fi Bondye menm jan ak Adan te ye, nou (nan Kris) fè pati lavi Bondye menm. Sa se yon bagay mevèye! Lè w te fèt ankò sete pou te ka konnen Li kòm Papa nou nan fason Adan ak Ev te ka konnen si yo pa t janm tonbe. Lè nou wè sa sa fè nou wè yon ti kal nan sa sa vle di Kretyen. Sa ban nou yon konpreyansyon desten nou e travay Bondye nan lavi nou.

Yon bon konpreyansyon redanpsyon esansyèl pou ministè nou ka efikas nan lavi lòt moun. Bi total Bondye se pou Li restore lavi pa w ak lavi pa m nan jan li t ap ye si Adan ak Ev pa t janm peche. Sa se bi la kwa e bi redanpsyon an. Sa se bi devni yon Kretyen. Bi tout sa Bondye ap fè nan lavi nou se pou restore nou nan eta san peche orijinèl Adan ak Ev. Li trè enpòtan pou nou medite sou kisa lavi t ap ye pou nou e kijan nou t ap santi de tèt nou si nou te fèt nan mond sa. Bondye vle pou nou konnen lanmou Li pou nou paske lanmou mete yon fondasyon pwofon andedan nou ki bay sekirite absoli pou nanm nan.

Lè ou konnen Bondye renmen w, pa gen yon difikilte avèk doktrin Bondye ap pran swen w. Dè fwa ou ka goumen pou kwè l ap fè pwovizyon pou bezwen materyèl ou. Ou ka kanpe sou pwomès Bondye yo, ou ka travay lafwa w e ou kapab kwè Bondye ak tout fòs ou vle. Ou kapab itilize deklarasyon pozitif e repete afimasyon pèsonèl pou ka mete verite sa anndan w. Sepandan, si w pa vrèman konnen nan kè w ke Bondye Papa renmen w, w ap gen anpil difikilte pou kenbe verite ke l ap pran swen w. Men lè ou gen yon fondasyon pwofon anndan w rekonèt Bondye se Papa w e ke Li renmen w, ebyen ou pap gen okenn difikilte pou kwè ke Li ap pran swen lavi w. Lanmou se fondasyon lafwa ; an verite, lanmou se fondasyon tout bagay nan vi Kretyen nou. Viv e mache nan lanmou Bondye Papa se sa ki rezime tout bagay la.

Anpil moun ap montre se nan resite deklarasyon pozitif ak tèt ou chemen pyete a ye. Ou pap janm konvenk nan fason sa. Men lè lanmou Li ranpli lespwi w e ou konnen Li renmen w, Bib la ap vin yon lòt liv. Nou te chwazi avan fondasyon mond lan. Nou pa t chwazi li pito se Li menm ki te chwazi nou pou yon lavi enkwayab ki etènèl e ki kòmanse kounya! Sa se etènite pou nou, kounya! Bi a, plan an, direksyon ke Bondye gen pou lavi nou se pou rachte nou, pou lavi nou kapab tout sa li te planifye pou l ye, anvan chit la. ''Paradi pèdi'' te trouve nan Kris!

Li Fè W

Pwofèt Jeremi ekri,

Seyè a pale avè m', li di m konsa : Mwen te konnen ou anvan menm mwen te ba ou lavi nan vant manman ou. Mwen te mete ou apa pou mwen anvan menm ou te fèt. Mwen te chawzi ou pou ou te yon pwofèt pou nasyon yo. (Jeremi 1:4)

Nou paka panse ke atravè sa ke nou tout te chwazi kom pwofèt pou nasyon yo. Nan yon sans jeneral se vre e li kapab spesifikman vre pou enpe, menm jan li te ye pou Jeremi. Mwen kwè, kanmenm, premye pati vèsè a pale pou nou tout paske li pale de kreyasyon Jeremi. *''Avan m te fòme w nan vant manman w mwen te konnen w.''* Mwen te vrèman gen pwoblèm pou m te konprann sa. Ki sa Seyè a te vle di? Kijan Li te ka fè konnen jeremi anvan li te nan vant manman l ? Si w gade sa strikteman nan lojik bioloji, Jeremi pa t ko egziste avan l te nan vant manman l. Sa pap pale de reenkanasyon. Reenkanasyon pa fè pati konpreyansyon biblik lavi lòm. Ebyen, kòman Senyè a te ka fè konnen Jeremi avan l te nan vant manman l? san dout. Li te Konnen Jeremi vrèman.

Yon sèl fason deklarasyon sa te ka gen posiblite pou l te vrè. Trè lontan de sa, avan Jeremi te nan vant manmman l, Bondye te fòme nan espri Li ekzakteman moun ki Jeremi ta pral devni. Li konstwi Jeremi antyèman, kò fizik li, kapasite mantal li, emosyon li e espirityèl li, kado avèk talan yo li t ap genyen. Bondye te ka di lontan avan jeremi te nan vant manman l," mwen te konnen ekzakteman kiyès moun sa ta pral ye. "

Chè lektè, mwen kwè ke se menm bagay pou nou chak. Lwen nan tan anvan Bondye te fòme w nan kè l e nan espwi l. li fè w moun inik ke ou ye a avèk abilite natiyèl espesyal ou genyen yo. Manman w ak papa w gendwa pat konnen siw tap yon ti gason oubye ti fi men Li te konnen tout ti detay nan ou. Li te konnen ki wotè ou tap ye, ki gwosè ou tap ye (mete oubyen pèdi yon ti pwa), Li te konnen ki koulè cheve w tap ye. Li te konnen ki pèsonalite e talan ou t ap genyen. Li bay nou chak kèk abilite ke lòt moun pa genyen. Li limite nou nan kèk lòt abilite. Li konstwi egzakteman moun ou t ap ye a. Li te konnen w. Fòk ou konprann Li se vrè Papa w, paske Li te fòme ou nan espwi Li e nan kè l avan w te fòme natirèlman.

Sa ki pi mèvèye Li fòme nou tout nan lanmou paske Li se lanmou. Pou m di sa yon lòt fason, lè Li te deside Li t ap pral fè w, li te panse nan lespri l, ki jan li ka fèw *absoliman emab*. Gen moun ki santi tankou yo se yon erè, e yo pa t sipoze la sou tè sa. Sa vrèman pèsonèl pou mwen. Manman m te di m, "lè mwen ak papap w te marye nou te vrèman vle fè yon ti gason avan. Ebyen, lè frè w la te fèt nou te vrèman kontan. Aprè sa nou te panse li t ap bèl si nou te gen yon ti fi e sè w la te fèt. Nou te tèlman kontan nou deside ke nou pa t ap fè okenn lòt timoun ankò." Li kontinye pou l di, "Aprè sa nou aprann ou pral fèt." Aprè sa li fè yon ti poz e li di, "Men lèw te vini ou menmen pwòp lanmou pa w avèk ou." Pou di sa yon lòt fason," pou 9 mwa nou pat vrèman vle w!"

Anpil moun te gen yon eksperyans ki sanble ak sa e yo tanzantan santi yo pa t dwe sou latè aktyèlman. Li kapab paran yo te oblije marye akoz gwosès la e an konsekans yo santi ke ou te yon pwoblèm depi lè sa. Men gran reyalite: Bondye te fòme nou tout nan lanmou l anvan ou te menm nan vant manman nou. Ou se yon fòmasyon lanmou VRÈ PAPA W!

Pa gen pitit ki pa lejitim. Nou sèlman genyen paran ki pa lejitim paske, chak timoun ki antre mond sa Bondye papa nou an te renmen yo e li te vle yo. Se sak fè Li te ka di atravè Espri a atravè Pòl nan liv Travay la, nou tout (Kretyen ou pa) se pitit Li. Li ta ka di sa paske nan plan orijinal Li pou lòm Li konstwi nou chak.

Mwen souvan konn panse, 'kilè Li te konstwi mwen menm? Eske se 5 minit avan m te fòme nan vant?" Eske Li te sipriz pou l ap di, Oh non! Men yon lòt ap vini! Rapid! Fè yon lòt! Kilè Li te konstwi mwen menm? Eske se te kèk minit anvan m te fèt? Eske se te kèk ane? Mwen kwè an reyalite, Li te kreye nou chak anvan Li te menm fè yon grenn eleman nan inivè sa, paske se pa *inivè a Li te dèyè, Li te dèye yon fanmi*. Bi Li se pat pou l te genyen bèl kreyasyon sa. Pito, Li te fè kreyasyon sa kòm yon anviwonnman pou nou ka viv ladan l. Nou leve tèt nou pou n gade etwal yo e nou imajine yo ap ale pou etènite. Eske ou konnen poukisa Li fè yo konsa? Se pa pou nou domine e san espwa nan egzistans nou, men pou ka gade li e di, "waw!" pou tout bagay nan nou kapab ranpli avèk mèvèy Li. Li te fè inivè a pou l ba nou yon enpresyon ki kalite Papa nou genyen reyèlman. Eske Li pa gran!

Fèt Nan Imaj Li

Anpil moun ap viv tankou yo pa gen pyès kote ki aksepte yo oubyen yo santi yo pa t dwe fèt. Enpe moun tèlman santi tankou y ap pase sou pwopriyete yon lòt moun ilegalman. Yo pa santi yo aksepte nan pwòp kay yo. Yo fè tout vi yo ap travay e ap sanble pou yo ka fin peye kay pou yo ka vin mèt kay la e finalman yo gen yon sètifika pou kay la pou pwouve yo se mèt kay la men yo toujou ap viv tankou yo pa t dwe nan mond sa. Verite senp e klè a nou se pitit Papa nou ki nan syèl la.

Lontan nan tan pase Li deside Li ta pral genyen w, e jou ou te antre nan mond sa se te yon jou Li t ap tann depi plis ke mil ane. Sèl bagay ki te gate sa pou Li se konnen, akoz peche, nesans natirèl ou pa t ap mennen w nan tout benediksyon l yo kòm Papa w. Li toujou renmen nou kòm yon Papa men tout tan nou pa fèt yon dezyèm fwa nou pap janm eksperimante okenn nan benefis Li yo kòm yon Papa pou nou reyèlman. Li voye Jezi vin mouri pou nou pou nou ka fèt ankò e dezyèm nesans nou ap mennen nou nan tout benediksyon Bondye kòm Papa nou.

An nou gade Som 139:16. Vèsyon NIV di l konsa,

« Je w te wè kòm ki te san fòm »

Jouk nan tan pase, avan kò w te fòme nan vant manman w, Bondye te wè l. Li te konnen ak kisa kò fizik ou t ap sanble anvan mond lan te fèt. Ou pa yon rezilta yon pwosesis evolisyon ki vle di ou parèt sanzatann nan lanati san okenn bi pou egzistans ou. Paran ou yo pa t konnen si w t ap yon ti gason oubyen yon ti fi oubyen yo pa t gen yon chwa nan sa ou t ap ye. Men nan tan pase, lè Bondye te detèmine tan ki etabli pou ou e kote egzak ou t ap viv, Li te konnen ak kisa ou t ap sanble.

Mwen konnen ke gen moun ki fèt avèk defòmasyon fizik ki avèg, soud e pi mal. Yon fason, imanite ap ouvri pòt peche e vilnerablite a destriksyon Satan ki pèmèt bagay sa yo rive. Enpe nan rezon yo se nan erè medikaman, e petèt nou ap vin jwenn plis nan demen bagay nou menm moun fè ki koz lòt bagay rive tou.

Verite a se, kanmem, se anvan ou te nan vant manman w,

Bondye te konnen ak kisa kò fizik ou t ap zanble e Li di nou te fèt avèk etonnman e mèvèy.

Pitit fi nou se te yon mannken entènasyonal pou 10 zan. Mwen te toujou panse li te bèl, menm lè li fèk leve nan kabann le maten. Mwen sonje mwen te mande l yon fwa, "Mannken sa yo, èske yo kwè ke yo bèl?" E li reponn mwen," pa gen youn nan yo,". Yo chak di gen yon bagay nan yo ke yo pa kontan yo genyen l. Jenou yo te twò bagay, nen yo te twò gwo oubyen je yo te twò piti. Sa sèlman montre nou ke yon bagay nan kreyati mèvèy Bondye nan nou te pèdi.

Li menm ki se bote a menm paka fè anyen lèd. Kè atis la eksprime nan sa li desine an e pa gen lòt ki pi bèl ke Bodye menm. Ebyen lè Li te fè mwen menm avèw, se te yon ekspresyon de pwòp nati Li. Li fè nou bèl. Anpil moun fè tout vi yo yo pa janm santi ke yo bon ase pou anba je piblik la, pa janm ka kanpe devan lòt moun. Yo santi yon wont pwofon de tèt yo, yo santi yo timid. Yo kouvri tèt yo avèk vwal separasyon paske yo pa santi ke yo aksetab nan aparans yo, enterè yo oubyen stil de vi yo. Bondye fè nou chak e Li fòme tout aspè nan nou.

Anpil moun santi Bondye te fè gason an nan imaj Li e Li te jis voye fanm nan pou l te ka ede l, yon fason pale. Li te kreye l pou l esklav, pou l travay bò kote gason an. Sa yo pa reyalize, fanm nan te fèt nan imaj Bondye tou. Yo pa konprann feminite ni (maskilinite) se yon ekspresyon de nati Bondye menm. Feminite se yon ekspresyon de jan Bondye ye. Mwen konnen yon fanm ki pa gen okennn miwa nan kay li paske li deside ke l lèd e miwa sèlman konfime sa l panse a. Verite a sè ke Bondye pa janm fè anyen lèd, e si moun paka wè bote w sa moutre diferans ke yo genyen ak Bondye, paske Li panse ke m bèl e ou bèl tou.

Nan yon fason kilti Hollywood la e selèb yo prezante yon ide de bèl e pèsepsyon bèl aparans ke pèsòn ka jamè ranpli. Sa vòlè yon konfyans nou genyen nan aparans nou. Gen yon ekspresyon ki di, ''si kay la bezwen pentire n ap pentire l.'' Mwen pa kont makiyaj. Lè m ap fè yon entèvyou pou televizyon yo di mwen ke mwen te oblije mete makeup. Premye fwa sa te fèt mwen pa t ka kwè l! Sa te pran m kèk tan pou te ka lave vizaj mwen pou l te ka soti! Verite senp lan se sa; Bondye fè w bèl e si moun paka wè sa, sa pa pwoblèm ou ; se pwoblèm pa yo.

Se Bondye ki konnen plis e se li ki renmen plis. Li konnen tout fot mwen yo e Li toujou renmen m absoliman. Nou paka di, ''mwen pa renmen moun sa paske yo gen anpil anpil defo.'' Lè nou paka renmen yon moun oubyen nou paka eksprime lanmou anvè lòt moun, sa souliye diferans nou avèk Bondye. Bondye Papa nou fòme nou chak nan espri Li e nan lanmou Li, e Li kreye nou pou konplètman emab. Li se vrè papa nou. Li se e Li te toujou vrè papa nou.

Se prete yo te prete w bay paran ou yo. Yo pa t konn anyen de ou men Li te konnen. Li konstwi fòm inik nan chak moun. Li konstwi tout bagay nan ou. Li se vrè papa nou, e si nou resevwa Kris e mache nan lavi Li, n ap konnen Papa nou ki nan syèl la pou tout etènite.

Restore Pou Nou Ka Pitit Gason Ak Pitit Fi

Lè nou ap pale de Bondye kòm Papa nou, oubyen de resevwa lanmou Papa, nou pap jis pale de Bondye k ap antre nan lavi nou e ap ba ou yon eksperyans oubyen yon touch de lanmou Li pou geri blese emosyonèl nou yo. Bagay sa konn rive, men sa ki objektif la Bondye ap restore nou pou nou ka pitit fi l ak pitit gason Li. L ap rachte ou pou nou ka vin konnen Li kòm Papa nou menm jan Adan te konnen Li, e plis ke sa, menm jan jezi te konnen Li.

Se entansyon Bondye pou nou ka vin mache nan entènite kòm pitit Li se non sal ye. Sa se kote l ap mennen nou. Pou mwen menm sa se bagay ki pi entèresan nan reyalizasyon Bondye se Papa m. Pou m konnen ke tout sa mwen ye te konstwi pa Papa m ki nan syèl la e mwen se pitit gason l. Pou etènite an etènite, mwen se pitit gason l. Se vre mwen pa Jezi, men verite mèvèye a sè ke « nan Kris » Li devni Papa m e mwen se pitit Li pou etènite. Li te planifye pou l te konsa. Li te oblije rachte m akoz de sa ki te rive nan jaden an, men mwen te toujou Pitit li, e se sa m ap toujou ye.

Papa a t ap tann pou anpil ane, pou moman lè w ap antre nan mond sa. Lè w te vini Li te selebre paske Li te konnen w lontan avan ou te nan vant manman w. Li t ap tann pou jou lè espri w te reyisi resevwa revelasyon Li kòm vrè Papa w. Tankou paran ki renmen pitit yo ap tann jou pou pitit yo rele yo, ''Papa ! '' Pou premye fwa, Bondye Papa t ap tann pou plizyè mil ane pou w ka leve tèt ou gade L, avèk yon kri ki sòti nan fon kè w, « Papa! »

CHAPIT 6

Espri Òfelen An

~

Mwen te tande ekspresyon "Espri òfelen" premye fwa an 2002 nan yon konferans Toronto. Mwen te tande Senyè a di m sa kenz minit avan m te gen pou m preche. Mwen te ouvè bib mwen byen vit, mwen tonbe sou yon vèsè m te li plizyè fwa avan epi tout bagay chanje. Mwen monte sou chè a epi entegralite mesaj la vini pandan m t ap pale. M pa t konnen ki mesaj m ta pral preche, men vèsè sa a ki toudenkou eklere m te devni youn nan mesaj moun te plis konnen nan tout revelasyon Papa sa a. Ou te ka di, an reyalite, li te devni ansèyman kle ministè nou an, ki baze sou yon modèl fondamantal nou anseye.

Vèsè ki te frape m lan soti nan Jan 14, Jezi te pwononse nan dènye jou, yon semenn anvan yo te krisifye l. Jack Winter te di yon jou ke dènye pawòl yon nonm se petèt pami sa ki pi enpòtan yo li ta ka pwononse. Jou sa a, nan Toronto, lè m li vèsè sa, mwen te gen enpresyon gravite a te deplase e tè a te bouje. Vi kretyen m pa t janm menm jan depi lè sa. Mwen te resevwa yon kantite revelasyon

– men sa a te chanje nan yon fason siyifikativ nan pèspektiv pwòp vi m. Mwen soti nan yon Teyoloji pannkotis / karismatik e toudenkou revelasyon sa a mennenm nan yon pèskpektiv Papa a m pa t janm wè avan.

Yon Ti Vèsè Etranj

Anvan m revele nou vèsè sa m ta vle ban nou kontèks li. Levanjil Jan te premye liv nan bib la ke m te li. Kidonk mwen te li vèsè sa plizyè fwa avan, sepandan m pa t wè siyifikasyon reyèl li. Aktyèlman, m te panse ke se te yon ti vèsè etranj, yon vèsè m pa t konprann vrèman. Li gen yon mo ki itilize yon sèl kote nan Nouvo Testaman. Sepandan, pandan reyinyon sa t ap fèt Toronto toudenkou se tankou l te sote paj la vè mwen menm e tout bagay chanje. BonDye ouvè konpreyansyon w sou kèk bagay mwen pa t wè avan.

Kite m ba ou yon ide pou ki rezon vèsè sa frape m konsa. Lè m te lekòl biblik yo te ban nou mo kle pou chak chapit nan liv Jan an. Lè w memorize yon sèl mo, ou te ka raple w de kisa tout chapit la te pale. Menm jan, te gen yon vèsè patikilye ki te kle pou w te sezi tout liv Jan an. Vèsè a (Jan 20 :31) di « Tout sa ki ekri nan liv sa a, mwen ekri yo pou nou ka kwè Jezi se Kris la, Pitit BonDye, pou lè nou kwè a nou ka gen lavi nan non li ». Sa te sanble fè sans pou mwen men lè Senyè a te ouvri je m pou m te wè vèsè sa nan Jan, 14, mwen te wè vèsè sa te ka vèsè kle pou *tout nouvo testaman*, pètèt tout Bib la. Li etonan pou w wè kòman yon « ti vèsè etranj » kapab toudenkou gen yon gran enpòtans.

Vèsè ki chanje tout bagay pou mwen se Jan 14:18. Se yon ti vèsè tou senp men l tèlman gen bagay ladann. Jezi te pwononse l e Jan te ekri l.

« Mwen pap kite nou òfelen, m ap tounen vin jwenn nou »

Lè pèspektiv sa te parèt devan m pou premye fwa nan vi m mwen te santi m m te kòmanse konprann pwoblèm fondamantal limanite. Pwoblèm fondamantal non sèlman nan konba individyèl men tou lit nou genyen nan relasyon youn avèk lòt. Pwoblèm fondamantal lavi legliz la, friksyon ant denominasyon yo, konfli familyal yo e menm gè ant nasyon yo. Mwen toudenkou wè rasin pwoblèm limanite sou tè sa atravè listwa. Se te chanjman yon modèl konplè.

Gen yon moun ki di m yon jou, « James, ou genlè panse lanmou papa a se repons tout pwoblèm limanite. » Mwen kwè l ak tout kè m, paske tout pwoblèm jwenn orijin yo nan reyalite Adan ak Ev te pèdi plas yo nan lanmou Papa a ! lè sa te rive nou pèdi kominyon entim avèl epi separe ak pwovizyon total Bondye.

Konsa, lè Jezi te di pawòl sa yo « Mwen pap kite nou tankou òfelen, m ap tounen vin jwenn nou » de kisa l t ap pale egzakteman ?

Nou Tout Se Òfelen

Mwen dwe di dabò pawòl sa yo pa pran nesans nan kè oubyen nan panse Jezi. Li te di yo, men yo pa t soti nan panse l oubyen nan teyoloji l. Yo te sòti nan Papa. Jezi te di "Se pa pawòl papa m m ap pale. Men, Papa ki voye m lan, se li menm ki ban m lòd sa pou m di ak sa pou m pale… Se sa k fè sa m ap di, m ap di l jan papa m te banm lòd la." (Jan 12 :49-50). Pawòl sa yo sòti nan kè Papa a.

Lè Jezi te pwononse pawòl sa yo « Mwen pap kite nou òfelen », nou dwe reyalize li pa t di yo te nan yon òfelina ! anpil moun ki t ap tande pa t ofelen nan sans natirèl. Nou konnen Pyè ak Andre te la. Epi yo t ap peche avèk Papa yo lè Jezi te rele yo, pa konsekan nou konnen yo te gen papa. Jak avèk Jan te gen papa tou. Yo te pitit Zébédée (Yo konnen yo kòm pitit tonè). Nou konnen tou manman yo te vivan paske l te mande Jezi pou pitit li yo te chita a dwat ak a goch li nan wayòm k ap vini an. Li te yon disip Jezi, li te kwè li te Mesi a e asireman li te renmen pitit gason l yo e l te vle sa ki meyè pou yo. Li klè yo pa t òfelen.

Sèl yon ti pousantaj moun ki t ap tande jou sa a te ka reyèlman òfelen epoutan pawòl Papa pou yo chak la te : « Mwen pap kite nou òfelen. M ap tounen vin jwenn nou. » Sa se pawol BonDye pou nou ki travè tan yo ki te anrejistre pou tout tan.

Kòm konklizyon Papa wè tout limanite tankou òfelen. Li wè nou tout tankou òfelen.

Lespri Òfelen Orijinal La

Poukisa BonDye wè tout limanite tankou òfelen ? Pou konprann sa, tout mond lan nan yon eta "ofenlen" fok nou ale nan orijin li. Kite nou gade Ezayi, chapit 14, ki leve rido a (yon faso pale) e ban nou fè yon ti gade nan yon bagay ki te rive avan ras moun te kreye. Se yon pwofesi ke pwofèt Ezayi te bay Wa Babilòn lan ki te yon pawòl aktyalite pou epòk li a. sepandan anpil pwofesi gen plis ke yon aplikasyon epi kapab souvan entèprete a plizyè nivo.

A pati vèsè 12 la li klè ke gen yon lòt aplikasyon ki ale pi lwen toujou ke tan Ezayi a ak wa Babilòn lan. Aktyèlman kèk vèsyon nan Bib la kòmanse seksyon sa a avèk yon tit : *Chit Lisifè*. Plizyè espesyalis kwè ke pasaj sa pale de orijin Satan.

Pasaj sa kòmanse konsa : « Manyè di nou non, ou menm ki te klere tankou zetwal bajou a, kijan ou fè tonbe sot nan syèl la ? Ou menm ki te konn mache ap kraze nasyon yo anba pye ou, ki jan yo fè jete ou plat atè konsa ? Ou t ap di nan kè w… » answit senk deklarasyon ki swiv li ki kòmanse ak pawòl sa yo « M ap fè ». Nou wè chit Lisifè kòmanse lè l deside nan kè l. « M ap fè bagay sa yo ».

« M ap mont*e rive jouk nan syèl la. Mwen pral mete fotèy mwen pi wo pase zetwal BonDye yo. Mwen pwal chita tankou yon wa nan nò sou tèt mòn randevou a…* » *(Ezayi 14 :13).*

M pa fin asire m de siyifikasyon tout sa yo, men m konprann afimasyon « M ap fè » a. Li di « M ap monte nan tèt nyaj yo ». anbisyon final li se te « M pwal fè tèt mwen tankou sa ki pi wo a. » anbisyon ki te nan kè Lisifè se te ranplase BonDye, Tou pisan an, pran plas li epi finalman vin tankou l. Li pa t di « M pwal kanpe bò kot BonDye » men pito « M pwal fè tèt mwen sanble ak Moun ki pi wo a ! » Anbisyon satan se pa t pou l te vin tankou BonDye men se te pou l ranplase l ! Si sa te rive, Satan t ap pi gwo otorite nan tout inivè a.

Mwen kwè anbisyon sa kontinye ap grandi kay Lisifè nan yon pwen li te kwè li te reyisi lè prens lavi a te krisifye. Li pa t konprann menm jan (C.S Lewis) te di, yon bagay pi fwofon ki ta pral rive ki tap koz chit li e defèt final li.

Gran pwen m vle bay la, e sou li tout bagay repoze, se : lè Lisifè te nouri anbisyon fènwa sa pou l te ranplse sa ki pi wo a, sa l t ap di an reyalite se te « Mwen pap gen yon Papa sou tèt mwen ! » BonDye se « Papa » nan nati l epi syèl la te toujou ranpli de patènite l. pa konsekan, Lisifè t ap di an reyalite « Mwen pa vle yon papa sou tèt mwen, mwen vle se mwen ki papa a. Pèsòn pap sou tèt mwen. Mwen pa yon pitit. Mwen pa soumèt ak pèsòn. »

Gen yon pasaj ki sanble anpil ak sa nan Ezekyèl 28 :12-19. Fwa sa, se Ezekyèl ki t ap pwofetize a wa Tyr, e la ankò, gen yon lòt nivo siyifikasyon ki ale pi lwen ke kontèks epòk lè pawòl sa yo te bay. Nou kapab jwenn yon konpreyansyon orijin tout espri òfelen. Lap pale ankò de lisifè, li di,

« … Ou te reprezante pèfeksyon. Ou te plen sajès, ou te gen yon bote pafè. Ou te nan Eden, jaden BonDye a. *ou te kouvri ak tout sòt pyè presye…* »

Lè n ap li sa nou wè Satan pa t kreye tankou yon kreyati meprizab. Li te rekonèt kòm « sila ki t ap briye a ». Li te plen sajès epi gen yon bote pafè ; « Ou te nan Eden, Jaden BonDye a. Ou te kouvri de tout sòt de pyè presye. » Li te gen yon bote enkwayab, pi bèl ke tout lòt kreyati yo. Li te ranpli ak sajès tou men, a koz de lanmou l pou bote l, sajès li te konwonpi. Nan kòmansman li te gen yon plas tou pre twòn BonDye a.

« Ou te yon cheriben pwotektè, ak zèl d*eplwaye. Se sou mòn ki apa pou mwen an ou te rete. Ou te mache nan mitan gwo dife. Depi jou BonDye kreye ou la, ou pa t fè anyen pou yo te fè ou repwòch, jouk jou ou kòmanse fè sa ki mal.* » (Ezekyèl 28 :14-15)

Inikite sa se te anbisyon nan kè l pou l te ranplase BonDye epi pou l te debarase l de li. Se te anbisyon pou l te modifye plas BonDye te genyen nan vi l pou l te fè sa l te vle epi pou l te sèl otorite pwòp vi l. se ankò jodia baz tout peche.

Vèsè 16 la di : « Pou fè kòmès ou mache, ou lage kò ou *nan mechanste. Ou fè peche.* » epi « Mwen mete ou deyò sou mòn ki apa pou BonDye a. » Vèsè 17 la pouswiv pou l di « *Ou te wè jan ou te bèl, sa fè ou pèdi tèt ou* ». Note li pa di li pa t gen bote ankò. « Paske ou te rive nan yon bèl pozisyon, ou tounen aji *tankou moun fou. Se poutèt sa mwen voye ou jete atè…* »

Lòt vèsyon itilize tèm « Mwen pouse w deyò» oubyen « Mwen jete w atè ». Jezi li menm te wè satan t ap tonbe sot nan syèl la tankou yon zeklè. Sa dwe te yon espektak! Li te tonbe atè, soti nan prezans BonDye, jete soti nan mòn BonDye a, nan syèl la ak anba sou tè a epi li pran zanj li yo avè l.

Chase De Lanmou Papa A

Mwen pa konnen ak kisa syèl la sanble. Mwen pa janm ale la. Mwen konnen sa ekriti yo di sou li. Nan syèl la ou pa bezwen solèy oubyen lalin paske BonDye li menm se limyè a. BonDye ranpli syèl yo. Epi paske BonDye se lanmou, syèl yo ranpli ak lanmou.

Imajine ak kisa sa pral sanble. Nou pral viv nan yon anviwonnman kote chak souf ou pran ap tankou w respire yon dlo lanmou. Nou pral viv nan yon anviwonnman lanmou total. Pap gen okenn posiblite pou yo rejte yon moun paske nou pral respire akseptasyon total chak segond. Yon lanmou absoli ki tout kote.

Non sèlman syèl la ranpli ak lanmou men li ranpli ak yon lanmou espesifik e patikilye. Li ranpli ak lanmou yon papa paske BonDye se Papa. Tout sa ki egziste soti nan li. Nou paka inisye anyen. Se li menm ki inisye Sali nou epi nou jis reponn ak envitasyon an. Li inisye kreyasyon an epi nou jis antre nan tout sa l ban nou. Nan esans Li e nan nati Li, Li se papa. Se pa yon bagay Li devni. Dabò e avan tou, odela de tout bagay ak nan sans ki pi pwofon li ta ka ye, lanmou l se yon lanmou patènèl.

Satan, kòm li te rejte BonDye kòm papa, li te chase nan syèl la epi jete deyò tout patènite. Li te vle san papa. Sans egzistans li menm se pou l san papa. Li se òfelen e vle òfelen. Se pou sa pa gen redanpsyon pou li. Li te gen revelasyon pafè de sa BonDye ye epi li te chwazi rejte l. epi jete sou latè, li vin devni dènye *espri òfelen* an.

Apot Pòl te gen yon apèsi de sa m ap pale a. nan Efezyen 2 :2 li ekri : « Non sèlman nou t ap swiv move kouran ki nan lemon*d*, *men nou t ap fè volonte chèf otorite yo ki nan lè a, move lespri k ap travay koulye a nan moun k ap dezobeyi BonDye yo* ». pou di sa yon lòt fason, anvan w vin kretyen, te gen yon lespri ki t ap travay nan ou epi ki t ap dirije w nan sistèm mond lan. Nan sistèm mond sa, ou te peche, ou t ap viv an deyò objektif BonDye epi ou te bezwen vin vivan. Prens pisans ki nan lè a t ap kondui w nan chemen dezobeyisans ak nan chemen òfelen-ite.

Monn Lan Se Yon Òfelina

Lè nou konprann ke satan se yon lespri òfelen, nou wè chemen mond sa se an reyalite chemen òfelen. Satan twonpe lemonn antye. Li kondwi nou nan chemen ak *sistèm* valè li an yon fason pou sistèm lemond antye fonksyone selon chemen òfelen an. Lè nou defini peche kòm "rate sib la", se an reyalite nou manke Papa a epi viv yon vi òfelen.

Konsidere kisa sa ye pou yon òfelen viv nan yon òfelina, e kijan sa ye pou yon pitit ka p viv nan yon bon kay ak paran ki remen li, gen yon gran diferans ant yo de ya.

Kite m dekri kèk karakteristik lavi yon òfelen. Reyalite baz yon òfelen se sa. Yon òfelen pa gen non. Souvan non yon òfelen chanje oubyen yo abandone epi pèsòn pa konn vrè idantite yo. Pa gen yon sans de istwa yo, pa gen yon sans de kote yo soti. Non yo pa siyifi anyen pou yo. Lè w leve nan yon bon fanmi non w se non papa w e non l se non papa l, konsa de swit an swit ale jouk nan istwa. Non w pataje ak frè e ak sè w yo sa kreye yon idantite familyal paske yo gen menm non an. Nan monn lan nou wè gen moun ki ap eseye kreye yon non pou yo, k ap eseye vin enpòtan, k ap eseye fè yon bagay k ap ba yo yon plas nan sosyete a. Òfelen-ite pa gen rapò ak mond nan sèlman. Se eta fondamantal kè moun.

Menm nan legliz nou wè òfelen-ite a manifeste. Nou wè pakèt moun ki nan ministè k ap eseye kreye yon non, nan fè yon « travay enpòtan », ki vle enplike nan « yon ministè enpòtan ». Mwen sonje m te gen menm anbisyon sa. Motivasyon ki dèyè sa sè ke si m fè yon travay enpòtan, sè ke m enpòtan. Youn nan sitasyon mond lan se « si w vle santi w enpòtan, kòmanse fè yon bagay enpòtan. » se yon karakteristik òfelen an. Yon pitit gason oubyen yon pitit fi jwenn enpòtans li nan fanmi, lè l jwe lanmou e l jwen valè simpleman pou moun yo ye a.

Yon lòt pwen konsènan sijè òfelen yo: pèsònn pa janm ba yo anyen. Pa gen kado nwèl oubyen kado anivèsè. Si gen youn, se bay yo te bay òfelina l epi li te distribiye pa aza. Kidonk se sèlman pa aza ke òfelen an ap resevwa yon bagay ke l te vle vrèman. Petèt yon ti gason te swete jwenn yon bato ak vwal epi l resevwa yon kamyon. Kado yo distribiye pa aza, san siyifikasyon reyèl ni pèsonèl. Anivèsè yo ak nwèl pa siyifi anyen pou yon òfelen. Leson l aprann se – ou pa resevwa anyen pou anyen. Se youn nan karakteristik mond sa. Ou depann de tèt ou, pèsòn pap ba w anyen, pa gen « manje gratis »,e fok ou jere tèt ou sèlman.

Pou yon òfelen pa gen eritaj, li dwe batay pou l gen yon bagay. Pa kite pèsòn pran l nan men w, paske ou mèt asire w y ap eseye fè sa ! Sa se lavi nan yon òfelina. Pi gran yo pran manje pi piti yo. Mond lan fonksyone konsa sa. Jis gade sistèm finans mond lan. Yo di « se jis biznis, li pa pèsonèl » men li trè pèsonèl pou moun kap pèdi a. Yon òfelen twouve l difisil pou l jenere paske l gen enpresyon ke pèsòn pap ba l anyen e si l bay yon bagay, li pap jwenn li ankò. Men yon pitit, gen yon lòt pèspektif, « Papa m trè jenere e l trè rich e Li bay bon kado. »

Sistèm k ap gouvène mond sa se sistèm òfelen yo ye. Pa egzanp èske w te konnen demokrasi se pa wayòm BonDye ? Demokrasi se petèt meyè mwayen pou òfelen gouvène òfelen nan yon mond dechi men li rete yon sistèm òfelen. Se pa konsa BonDye gouvène wayòm li an. Malerezman anpil legliz dirije selon prensip demokrasi yo. Si ekip direksyon legliz la gen yon kè òfelen, tout ministè a ap gen yon sans òfelen-ite. Li anvayi tout bagay.

Ann pran pa egzanp : Kapitalis la. Se petèt meyè fason ke nou konnen pou kèk òfelen fè biznis avèk lòt òfelen men se pa yon sistèm ki vrèman fonde sou jistis. Li fonde sou pakèt valè òfelen pou yo achte epi vann pou fè benefis – ak pwofi otan posib kèlkeswa sa ki jis ak ekitab. Wayòm BonDye a diferan. Wayòm BonDye a fonksyone sou prensip bay tout sa w genyen epi resevwa tout nan men BonDye. Si yon moun oblije w fè yon kilomèt avè l, al pi lwen. Si yon moun bòw yon kalòt, vire lòt bò figi a ba li. Si yon moun pran chemiz ou an, ba l vès ou a tou.

Mwen pa kont biznis. Mwen pa kont fè pwofi. Se konsa mond lan dirije e nou dwe fonksyonne ladann, men nou dwe reyalize tou se pa fason pou n fè wayòm BonDye a. Wayòm BonDye a gen yon ansanm valè diferan e, otan n kapab, nou dwe fonksyone nan Wayòm BonDye a, opere selon prensip li yo. Kèk legliz jere tout bidjè yo selon prensip kapitalis la e fonksyonnman sa anpeche yo! BonDye kapab ale pi lwen de sa nou panse e si nou limite panse nou nan sistèm kapitalis la, ebyen nou limite sa Bondye ka fè. Men lè nou kwè nan pwovizyon Bondye nan sistèm finansye l yo, nou pase de eta òfelen nan a eta pitit la !

Diferans ant « pa krisyanis » ak Krisyanis se difrans ant òfelen-ite e ptitit.

Yon Vwayaj Imajinè

Mwen vle mennen w nan yon ti vwayaj imajinè avè m. mwen vle w pou w eseye imajine kijan sa te ye lè Adam te kreye. Nou genyen sèlman kèk mo nan Jenèz chapit 3. Li di « Lè sa a, Seyè a, BonDye a, pran pousyè tè, li fè yon nonm. Li soufle nan twou nen nonm lan pou l ba li lavi. Epi nonm lan vin vivan. » imajine ou se yon zanj e wap gade BonDye kreye tout inivè a. A kisa sa t ap sanble ?

Mwen souvan ap mande tèt mwen poukisa BonDye pa t kreye lòm premye jou a pou lòm sa a te ka gade l ap kreye chak bagay. Sa tap ekstraòdinè pa vre ? Poukisa BonDye tann aprè midi sizyèm jou a pou l kreye lòm ? Sèl rezon mwen wè se paske Li pa t vle lòm konnen l kòm yon papa k ap travay. Si lòm te temwen de ak kreyasyon an, sa te ka fèl gen nosyon efò pou l travay ak akonpli anpil bagay. Men nou fèt pou repo BonDye epi si nou pa antre nan yon espas repo anndan nou, relasyon nou ak BonDye ap antrave. Se poutèt sa ekriti a di nou « Rete trankil epi konnen mwen se BonDye » (Som 46 :11).

BonDye fè moun. Li kreye tout lòt bagay ak yon pawòl kòmandman, men lè l fè moun, li fè l ak pousyè tè. Li ta rive yon moman kote zanj yo te etone lè yo te kòmanse reyalize ke BonDye t ap fè yon kopi de li menm. Se te yon kreyasyon pafè.

Pandan l t ap fè moun, te gen yon tan kote kò a te fin fèt. Yon kò yon granmoun gason te fèt pafètman, men toujou san souf. Epi BonDye soufle souf li nan nen nonm nan. Fòk ou pre yon moun anpil pou soufle nan nen l. Si w t ap gade sa, a kisa sa t ap sanble ? Se t ap kòmsi BonDye t ap anbrase Adam.

Lè yon manman kenbe ti pitit li ki fenk fèt nan men l, gen yon lè sezizman absoli ak admirasyon sou vizaj li. Li bliye tout doulè akouchman. epi lanmou, tandrès ak sezizman fè yon sèl nan ekspresyon l. Mwen pa panse gen yon grenn fanm ki pa santi sa aprè l fin fè premye pitit li. Li konnen gen yon mirak enkwayab ki fèt.

BonDye Papa a se paran modèl pou toutan. Li se sèl paran epi nou se kopi l. lè l t ap soufle nan nen Adam, li te fè yon pitit gason. Mwen imajine se te youn nan moman ki te pi gran nan listwa. Si w te ka gade, ou t ap wè tout lanmou ak tandrès yon papa nan vizaj li.

Kisa w t ap wè lè w t ap gade Adam ? ou t ap wè lestomak li leve epi bese nan premye souf li pandan ke poumon l yo t ap gonfle. Epi kè a t ap kòmanse ap bat. Toudenkou ou t ap wè yon vag koulè ap pwopaje nan tout kò a pandan ke san t ap kòmanse sikile a travè misk yo, tisi yo ak po a.Tout bagay t ap kòmanse fonksyone nan kò a. Petèt, pandan misk yo t ap kòmanse resevwa oksijèn, t ap gen ti mouvman reflèks dwèt yo, zòtèy yo ak popyè yo. Bagay yo t ap kòmanse bouje paske kò a gen vi. Non sèlman kò a te vin vivan men sèvo t ap kòmanse vin operasyonèl. A kisa travay panse a t ap sanble pandan pa t ko gen anyen pou w panse? epi memwa t a vin operasyonèl men san l poko gen souvni ! Anyen menm ! pèsonalite l t ap la men li pa t ap ko gen okenn rapò. Tankou yon òdinatè ki limen men san yon sistèm eksplwatasyon. Se tou senpleman vid.

E moman rive kote Adam te resevwa premye sansasyon l. Daprè ou menm, kilè sa rive? kisa ki te pase ki te pèmèt li resevwa premye sansasyon l ? mwen kwè ke se moman li te ouvri zye l. Lè l te ouvri zye l, kisa w panse li t ap gade ? lanmou kit e eksprime atravè touch, vwa a ak nan zye. Zye yo se yon fenèt pou nanm lan.

Kidonk Adam te kòmanse ouvri zye l. Eske w panse Papa a te pati al li jounal, gad televizyon oubyen jwe foutbòl ? Jamè ! Li te renmen pitit gason l lan anpil pandan l t ap ba l lavi. BonDye pa yon papa a tan pasyèl. Li la tout tan. Nou menm, nou ka preokipe ak lòt bagay men l pa gen anyen ki okipe l. Nou se sant Preokipasyon l ! lè Adam te ouvri zye l, li te twouve l anba yon rivyè lanmou Papa a. *Li t ap resevwa tout lanmou ki genyen nan tout linivè.* Sa se yon bèl panse ! M pa ka imajine sa l te santi pandan l t ap viv premye eksperyans nan lanmou total BonDye tou pisan an. Adan te konnen BonDye terenmen l totalman e pafètman.

Mwen te panse se mwen sèl ki panse sou sa men yon jou m realize ke apot Paul te wè l tou. Lè enpòtans vèsè sa toudenkou parèt devan m, mwen panse "Paul, Vye nèg! Ou te konnen l tou ! » Tande sa l di :

« … Mwen priye tou pou nou pouse rasin, pou nou kanpe djanm nan lanmou, pou nou ka konprann, ansanm ak tout pèp BonDye a, lajè, longè, wotè ak pwofondè lanmou kris la, ak pou nou rive konnen lanmou sa a pou nou ka vin ranpli ak tout richès ki nan BonDye. » (Efezyen 3 :17-19)

Pouse rasin ak fonde nan lanmou. Fondman lavi Adam menm te plante e pouse rasin nan lanmou. Eske sa pa pi gran mevèy? Eritaj chak kretyen se lè zye yo kapab ouvè pou yo wè lanmou enkwayab Papa a gen pou nou. Se pa yon bagay siplemantè ki ajoute sou Krisyanis la. Se fondmanl menm ! Se pa yon nouvo liv sou etajè a. Se etajè a menm ! Se pa yon nouvo eksperyans ki ajoute sou lòt eksperyans la vi mwen. Se baz tout eksperyans yo. Konklizyon fondamantal mwen entèprete tout sa, Papa a renmen w.

Yon nèg vin kote m aprè yon reyinyon, sa gen kèk ane epi li di m : « James ou di lanmou Papa a se fondman, men en reyalite… la Kwa se fondman pavre ? » yo pa t janm poze m kesyon sa oparavan epi m pa t janm panse sa. Men nan yon fraksyonn segond, mwen wè yon bagay epi reponn « Lakwa se yon ekspresyon lanmou Papa. Lanmou Papa a se pa yon ekspresyon lakwa. »

Pèmèt mwen di l konsa. Lè w fèt yon dezyèm fwa, ou plonje nan sous Sali an pandan w rankontre lanmou Jezi. Ou plonje pi lwen epi w lave nan san an ! Ou plonje pi lwen epi l devni Senyè w ! Ou ale plis nan pwofondè epi w ranpli ak Sentespri ! Ou ale pi lwen epi w ka fè mirak. Ou ale pi lwen toujou epi w antre nan ministè ak onksyon ! Ou ale pi pwofon nan jistifikasyon ak sanktifikasyon. Answit ou rive nan fon pi a, la tout bagay jayi. Lanmou Papa a. Se sa ! Li se sous la. Lanmou l se lanmou anvan tout lòt lanmou yo.

Paradi A

Adam vin anrasinen e fonde nan lanmou nan moman li te ouvri zye l. Aprè sa BonDye kreye fanm pou li. Li pa t gen yon lòt non nan moman sa. Yo de a te rele Adam. Lanmou se lè nou fè yon sèl, Adam (ak Èv) te yon sèl, menm jan nou gen dezi pou nou fè yon sèl totalman. BonDye te kreye yon anviwonnman mèvèye pou l te te mete yo.

Adam ak Èv t ap viv nan jaden sa, totalman plen ak lanmou Papa a. Li te kominye avè yo chak jou. Nou bezwen konprann relasyon BonDye avèk Adan te gen yon relasyon papa ak pitit. La Bib rele Adam "Pitit BonDye". Mwen te tante imajine a kisa vi yo te sanble men m pa ka konprann li. Yo ta dwe viv nan yon lapè ki pap janm fini, yon lapè pi pwofon ke lapè. Pa t gen yon mo pou di lapè paske pa t gen okenn altènativ. Yo t ap viv nan lajwa konplè e total. Ou te ka chita pale avè yo epi eseye eksplike yon konsèp ensekirite e yo pa t ap konprann de kisa w t ap pale. Perèz te konplètman andeyò de kote yo te ye a. Vi sa a nan Jaden Eden lan te inosan, men nan yon lòt sans li te enkanasyon matirite. Nou aspire ak sa yo menm yo te genyen natirèlman.

Nou konnen satan te tann yon pyèj pou yo epi lè satan met pyèj sa, Li te byen fè l. Lè m te jèn m te pase enpe nan tan m ap pare pyèj pou kenbe bèt pou m ka jwenn po yo pou m vann. M te tann anpil pyèj nan forè a e m konnen trè byen fòk ou fè yo atiran. Ou pap kenbe anyen si yon pyèj sanble danje pou bèt ke w ap eseye kenbe a. Li dwe parèt pi byen ke nòmal epi parèt pi atiran ke òdinè. Lè sa a bèt la ap pran nan pyèj la ak pwòp aksyon l.

Premye pati nan pyèj Satan an se te pwomèt fanm lan si l manje nan pye bwa li t ap tankou BonDye. Ève te renmen BonDye. Konbyen nan nou menm ki priye pou BonDye fè nou sanble ak jezi. Poukisa nou priye konsa? Paske w renmen l! Lanmou vle sanble ak enkòpore ak sa li renmen. Asireman li te entérese ak pwomès Satan a. li te vle tankou Papa l. li te renmen BonDye.

Ebyen Satan te montre l ke fwi a te bèl. Mwen konnen yon bagay, fanm renmen bote. Mwen te fè kèk jou nan yon kay ki gen gason sèlman e yo pa t gen okenn bote, yo te jis fonksyonèl. Fanm yo renmen bote.

Ève te gade fwi a epi l te wèl te bèl. Li te wè l te bon pou manje. Lanati ka eksprime l nan plizyè fason, men youn nan mwayen ki pi komen se atravè kreye e fè pwovizyon bon manje. Li kapab yon ekspwesyon lanmou, swen e nouriti pou fanmi an. Ev lonje l, pran fri a e manje l. Lè li te maje fri a sak te rive ? « Anyen ditou »

Adam ak Ève te tèlman ini yo yo pa t ka menm peche individyèlman. Se lè Adan te manje l tou zye yo tou lè de a ouvè epi pyèj la refèmen... BANG! Pa t gen retou posib. Yo pa t ka chape poul yo. Se tankou yo te kole nan nan beton. Konsekans yo te inevitab. Mwen pa kwè ke yo te gen yon ti kras ide de konsekans yo t a pwal sibi a. Yo te konnen si yo te manje fwi a yo t ap mouri, men se petèt pi piti konsekans nan sa ki konsène yo.

Inite ki te gen ant yo de a te disparèt. "Adam rele madanm li Ève paske li te manman tout moun vivan." (Genèz 3:20). Se la Ève jwenn yon non ki distenge. Yo vin devni depandan anvan sa yo te yon sèl. C.S. Lewis fè remake yon epe ki te vin nan mitan de sèks yo jou sa a, yon epe iminite ant maskilen ak feminen, ki dwe restore ankò. lè sa a BonDye fè rad pou yo ak po bèt pou l ka abiye yo. Kounyea yo wè kote san ap koule. "Senyè BonDye di: Kòm lòm vin tankou youn nan nou pou konenn byen ak mal. Kounya ann anpeche l lonje men l pou l pran fwi nan pyebwa lavi a, pou l manje l epi pou l viv etènèlman!" (v. 22). Epi li mete yo deyò nan jaden an.

Yo pran nan pyèj la, konya peche vin mèt yo. Pwoblèm ki gen nan peche se lè li kenbe w e ou paka chape pou kont ou. Peche metrize w. sèl fason pouvwa peche ka brize se atravè san Jezi. Ou paka kraze pouwa peche simpleman ou deside viv diferan, men lè san Jezi aplike, ou libere nan asiz peche. Adam ak Ève antre nan peche men san Jezi pa t ko bay.

De Opsyon Tèrib

BonDye te gen yon desizyon enkwayab pou l te pran? Raple w ke l te renmen yo epi l te vle sa ki meyè pou yo. Men kounyea yo angaje yo nan yon wout kote gen de posiblite. Li ka swa li voye yo lwen swa kite yo nan jaden an pou yo ka viv pou tout tan antanke pechè.

BonDye t ap gade Adam ak Ève pandan pwa peche a te desann sou yo. Kounya yo t a pwal koule nan dezespwa k ap grandi epi yo t ap pote yon fado kilpabilite k ap grandi. Pèsonalite yo t a pwal pouri pa anndan, kipidite, ensekirite ak perèz pran. Sèl bagay m ka panse avè l, ki bay yon ide a kisa sa sanble, se t ap karaktè Gollum nan fim *"Le seigneur des anneaux"*. Kreyati sa te jwenn yon bagay ki te gen yon pisans malefik. Li pa t ka kite l, li pa t ka sispann swiv li menm lè bagay sa t ap detwi l pa anndan. Gollum devni yon bèt lèd ki te sanble ak yon vè, degrade pa rapò ak sans orijinèl li epi degradasyon sa te gen yon efè kontinyèl sou vi l.

Mwen kwè pandan BonDye ap gade Adam ak Èv, Li reyalize li te gentan komanse pwosesis degradasyon an. Epi kè Papa a di « Nou paka kite sa kontinye etènèlman ! Sinon, nan dimil ane y ap toujou gen vi epi kontinye ap degrade ! Nou pa ka pèmèt yo kontinye manje pyebwa lavi a. Nou dwe mete yo deyò nan jaden an. Nou dwe anpeche yo gen aksè ak pyebwa lavi a ! » Lè sa a li di « Se fini. Nou dwe ale ! »

Sa Adam ak Èv te ka santi pandan yo t ap tande pawòl sa yo depase imajinasyon. Yo pa t ka blame BonDye pou sitiyasyon difisil yo te ladann lan. Paske se yo ki te responsab sa te agrave dezespwa yo. BonDye te vin jwenn yo tankou yon Papa ki gen lanmou. Li pa t mete yo deyò pa vanjans ni pa pinisyon. Chwa pou l te voye yo ale se takou chwazi sak pi piti ant de mal. Lè l te mete yo deyò, Adam ak Èv te petèt moun ki te gen kè ki te pi brize pase tout moun nan mond lan.

Gen de bagay diferan ki detèmine anplè doulè ki epwouve lè yon moun brize kè w. Premyeman, tout tan lanmou an plis se plis lap fè w mal. Adam ak Èv te jwen lamou ki te pi gran nan inivè a!

Dezyèmman, si kè w te brize avan, jeneralman w ap yon ti jan reziste pwochèn fwa. Avan sa Adam ak Èv pa t janm santi doulè. Yo pa t konnen kisa doulè te ye. Epi nan moman sa menm, mwen kwè yo t ap viv pi gwo doulè emosyonèl ke yo pa janm resanti. Yo te moun ki te pi tris ak pi dezespere ke lemond pa t janm wè. Konya Li pouse yo nan bayrè deyò jaden an. Li sanbe ke janm Adam ak Èv pa t ka pote yo deyò jaden an e ke Papa genlè fòse yo fizikman pou yo sòti. Li pa t fè l pou pini yo. Li pa t fè l paske l te rejte yo. Li te fè l paske l te renmen yo.

BonDye pa janm fè anyen ki pa t yon ekspresyon lanmou l epi li chase yo paske l te renmen yo. Mwen ka imajine jan y ap trennen pye yo, eseye pwolonje moman yo nan jaden an paske pou premye fwa yo te kòmanse santi yo pè. Kijan sa pwal ye deyò a? Kisa l te vle di lèl t ap pale de tè a ki t ap pwodui pikan e yo dwe travay ak swe fron yo? Èske sa te siyifi li pap bay ankò? Tout sa yo te bezwen te nan jaden an. Kòman yo ta pwal viv? Yo t ap gen pou yo konstwi yon vi diferan pou yo menm. Yo pa p janm wè BonDye konsa. Jan yo te konnen lavi a te fini!

Ras Imen An Vin Òfelen

Pandan l te chase yo nan jaden a, sa ki te pase reyèlman sè ke BonDye te pouse yo andeyò kapasite pou yo eksperimante lanmou l. Yo pap janm gen eksperyans lanmou l. Peche toujou kreye yon separasyon e kounya peche yo te separe yo ak Li. Yo te konnen, pandan yo t ap kite jaden an, relasyon yo te genyen an te fini. Pandan yo tap kite jaden an yo te sòti nan anviwonnman lanmou Papa epi yo te vin pi sanble avèk sila yo te chase nan syèl la. Yo te vin san papa. Tout ras moun, ni ou menm avè m, te nan yo pandan yo t ap sòti nan jaden an. *Nan yo menm tout ras moun te vin òfelen.*

Gen yon bagay pi dezastre ankò ki te rive pou agrave mizè yo. Sila a ke yo te jete sou latè tankou yon zeklè a kòmanse kreye yon twonpri. Gen yon alyans sal ki te kòmanse ap devlope ant espri òfelen ki te chase nan syèl la ak kè òfelen gason sa ak fanm sa ki te vin totalman inyorande kijan pou yo viv andeyò jaden an. Konsa, Satan te kòmanse ap mennen moun nan manti depi jou sa, pandan istwa a, jiska jodia. Nou tout nou mache nan chemen l yo, tankou Efezyen 2 :2 di l. Lemond vin yon sosyete òfelen. Sove, ranpli

Sentespri ak gen yon relason entim ak Jezi pap chanje sa. Sèlman yon papa ki ka elimine òfelen-ite a !!

Pandan lontan m pa t janm reflechi ak kijan sa te ye pou Bondye. Li te renmen yo avèk yon lanmou parantal epi l te konnen sa ki ta pwal pase. Li te konnen ke vorasite ta pwal pran kè moun e chak moun t ap tounen kont yon lòt. Li te wè epe a ant sèks yo, baryè envizib ant lòm ak madanm li pandan yo t ap kite jaden an. Kounya yo te òfelen nan vrè sans mo a.

Gen kèk ane mwen te Saint-Petersbourg an Risi. Se te an Novanm epi l te fè fret anpil. Yon jou swa pandan m t ap pwomennen yon ti gason ki gen anviwon 9 an te pase devan m pandan l t ap kouri. Li pa t gen yon lòt bagay sou li ke yon chòt ki fèt an koton ak yon chemiz manch kout an koton. Li te pye atè, janm li te sal, cheve l pa t fèt epi l te pote yon ti sak bwa sou zepòl li. Mwen sipoze ke l ta pwal limen yon dife kèk kote pou l te ka rechofe l. Pandan l te depase m lè l t ap kouri a, li te kanpe epi gade m sou epòl. M pap janm bliye imaj vizaj li. Se te kòmsi m wè vizaj yon mesye sou yon jèn timoun! Rega vizaj li te di "kisa wa p fè m?" epi li te vire epi kontinye kouri. Gen anpil timoun konsa nan mond lan. Tèlman gen soufrans nan mond lan. Yon soufrans ki depase sa nou ta ka imajine.

Papa a te konnen sa ki ta pwal rive pandan l t ap gade Adam ak Èv k ap antre nan vi ofelen an. Men l te konnen tout sa te miyò ke altènativ la ki se viv pou tout tan nan degradasyon sa. E mwen kwè yon gran kri te kòmanse ap leve nan kè Papa a nan moman sa a. Yon kri agoni. Mwen konnen yon bagay antanke papa, lè pitit mwen ap soufri mwen ta prefere se mwen kap soufri a. Li pi difisil pou w wè pitit ou ap soufri ke lè se ou menm kap soufri. Li prèske ensipòtab pou pitit ou ap soufri epi w pa ka fè anyen pou sa. E gade yon papa k ap met pitit li yo deyò, pandan l konnen ke soufrans lan ap vini kanmèm. Mwen kwè gen yon kri ki leve nan pwofondè l. De tanzantan mond lan ap avanse epi soufrans ap ogmante kri sa vin pi fò toujou. Li te ka wè tout pitit li yo, tout ras imen an nan yon vi soufrans. Kè l antanke papa t ap rache, pandan byen bonè yo ta pwal bliye Li te menm egziste e li te renmen yo.

Plan Sovtaj La

Nan kè konpasyon absoli l, BonDye voye moun pou pale yo de lanmou l. Li voye lejislatè ak jij, li voye wa ak prèt pou eksprime kè l ak montre yo yon fason pou yo viv lib de tout soufrans. Li rele yon nasyon pou yo temwen men tout sa pa t sifi. Tout ras moun te pèdi nan yon vi òfelen ak soufrans, ap fè eksperyans ak solitid ak brizman nan nivo ekstrèm. BonDye te wè pitit li yo t ap soufri e yon gran kri te jayi anndan l. Li voye pwofèt. Li voye manman Izrayèl. Li voye salmis ak powèt ki te ka transmèt pawòl li ak elokans. Sepandan youn nan yo pa t ka eksprime kè l pafètman. Pa menm yon sèl !

Finalman li voye pwòp pitit li, ki se reprezantasyon pafè li menm, imaj egzak li – pitit li, ki non sèlman di sa l te vle di men ki t ap di l egzakteman fason l te vle ke l di l. li voye Jezi ! Jezi pitit la vin nan mond lan, totalman dekonekte ak sistèm òfelen an epi li kòmanse viv yon vi kòm pitit. Li te lib de twonpri òfelen an ki enfekte tout mond lan. Li vini tankou yon pitit ! pawòl li, ki te sòti nan yon moun ki gen yon Papa pafè, Li etone mond lan. Li menm, lib de efè peche, te elaji libète sa ak lòt yo. Li bay libète de maladi, e libète de Satan. Li te ka asire yon pechè peche l yo padone. Li te bay bwate yo lòd pou yo leve epi mache. Li krache nan zye avèg yo e yo te wè. Li vini sou latè totalman lib ak nati òfelen ak dechi mond lan pou l moutre nou a kiyès Papa sanble, pou rebay mond lan konesans ke *Papa a renmen nou kontinyèlman.*

Nan dènye jou yo, avan ke mond lan te tiye l, li te ka finalman di sa ki t ap bouyi nan kè Papa l tankou yon vòlkan depi plizyè jenerasyon. Li te finalman ka eksprime sa Papa l te vle l eksprime a. Kri ki te nan kè Papa a depi lè Adam ak Èv te sòti nan jaden an pou yo viv yon vi prive de papa, twonpe ak espri òfelen sila yo te met deyò nan syèl la nan tan pase yo.

Anfen Jezi te eksprime dirèkteman kè Papa a nan pawòl Papa te di l pou l di, nan fason Papa te vle l eksprime l la:

"Mwen pa p kite nou òfelen men m ap vinn jwenn nou!!"

Pandan Papa te wè yo ap kite jaden an pou al jwenn òfelen-ite sa, Li te oblije rete dèyè. Men li voye Pitit li a pou demoli tout sa ki te kanpe ant li menm avèk nou epi l fè pwomès sa a *"M ap yon papa pou nou epi nou menm n ap pitit gason m ak Pitit fi m, Senyè tout pisan ki di sa!"* (2 Korentyen 6:18). Òfelen-ite sa ki la sou ras imen an paka chase. Se pa yon demon. Se eta kè an. Men lè kè yon moun rankontre Papa a li pa yon òfelen ankò. E konpòtema òfelen an komanse disparèt.

Jezi pa pòt pou al nan *syèl*. Li *se pòt pou Papa vin jwenn nou!* Vwal ki te chire nan tanp lan se pa t pou n te antre. *Li te chire pou li menm te ka sòti !* li dechire l, li sòti e nan menm moman tout edifis relijye a te efondre! Wayòm Izrayèl la te disparèt. Avan karantan te pase tanp lan detwi e linye wayal David la te disparèt! Kounyea Papa te sòti nan tanp lan pou l yon papa pou lemond antye!

Levanjil la rezime senpleman konsa. Se yon papa ki pèdi pitit li yo epi ki vle yo retounen vin jwenn li.

Li te voye Pitit li a pou l te mennen nou tounen lakay. Li di « Pitit mwen ale epi mennen yo tounen lakay. Tout sa ki vle vini, mennen yo tounen lakay ! » Travay Espri BonDye se fè nou sòti nan òfelen-ite a pou mennen nou nan relasyon papa-pitit. Jezi vini kòm pitit la pou devni chemen vè Papa a. Lè w vin yon pitit ou ka konnen Papa a pi plis chak jou. Se sa krisyanis lan ye ! Èske sa pa mèveye ? Mwen trouve l difisil defwa Li tèlman bon! Entansyon l se pou l vin yon Papa pou nou epi elimine sa ki fè nou òfelen. Li mennen nou tounen, lakay ankò pou nou ka avè l.

CHAPIT 7

Sekrè yon Pitit

Depi lè m te timoun yo te di mwen dwe gen matirite e grandi. Nan krisyanis nou ap eseye vin fò, edike, konpetan, e konfyan – men Bondye ap eseye fè nou piti tankou timoun. Nan mond lan nou oblije edike pou n ka viv e pou w ka gen siksè men nan domèn kote Bondye domine ou oblije vini tankou timoun piti. Pandan anpil ane mwen t ap esye fè yon pakèt travay avan m te vin dekouvri kisa bi a te ye vrèman.

Senyè a chanje tout pèspektif nou de vi kretyen an. Lè mwen ak Denise te nan 30 tan nou te responsab yon ti legliz nan yon vil an Nouvèl Zeland. Se te dezyèm fwa nou te responsab yon legliz e nou te vrèman okipe ladan l. Nou te konn pase tout aprèmidi nou ak wikenn nou yo ap konseye moun. Te gen yon lè kote nou pa al dòmi anvan minwi pou 2 semèn youn aprè lòt. Nou te gen yon vizyon pou n te konstwi yon sant ministè. Yo te bay yon zanmi nou 100 kawo tè e nou te al viv la pou n te ka ede l konstwil. Nou t ap konstwi kay, enstale poto kouran e sistèm twalèt, e nou t ap ranje wout ki mennen nan espas la.

Aprè sa Senyè a pale avè nou pou nou konstwi yon gwo kay 8 chanm akouche. Nou priye pou nou te ka jwenn 250 mil dola li te koute pou n te ka konstwi kay la. Anplis de sa mwen te kòmanse jwenn envitasyon pou m ale anseye an deyò Nouvèl Zeland, ebyen pou plizyè ane nou te ekstrèmeman okipe n ap travay pou Senyè a. Depi lè nou leve jouk nou al dòmi lè swa (aprè sa n ap priye pou Bondye ba nou rèv) nou t ap viv, manje, dòmi, e ap enspire wayòm Bondye. Nou t ap fè tout sa nou kapab, ap eseye pou n fè travay Bondye.

Aprè sa sanzatann yon chanjman fèt. Yon maten mwen t ap tann Denise desann mach eskalye a bò pòt devan, pou nou te ka ale legliz. Lè li rive devan mach la li chite e sanzatann li kòmanse kriye. Tout moun ki konnen denise konnen ke li pa konn kriye pou granmesi. Si l t ap kriye, fòk gen yon pwoblèm serye. Eske li te jwenn yon apèl ki te pote move nouvèl? Li t ap kriye tèlman fò li pa t ka eksplike m poukisa li t ap kriye. Mwen te kontinye ap mande l, « sak pase? » Men li pa t ka pale. Sèlman sa li te ka di se, « *mwen paka kanpe devan moun sa yo menm pou yon fwa ankò* »

Feblès

Nou te febli emosyonèlman aprè 17 ane ap sèvi Senyè a an plentan. Nou t ap viv, ap manje, e ap espire vi ministè a. Mwen t ap anseye nan lekòl YWAM, nou t ap priye pou anpil lajan pou pwojè diferan, nou te gen angajman pou n preche an Azi di Sid Ès, Kore, Etazini e an Kanada ak zil pasifik Sid yo. Nou t ap mete tout efò nou nan sèvis Senyè a e sanzatann nou frape mi an.

Sa te rive nan ane 1988. Mwen te deside nou pap ka rete nan

ministè a jan Denise te ye a. Nan moman sa mwen te panse mwen te anfòm. Mwen te gen envitasyon pou m te anseye nan 4 lekòl YWAM nan Ostrali, ebyen nou te di legliz nou an nou pral pran yon poz pou 6 mwa, nou t ap ranpli angajman nou Ostrali apresa nou t ap pran kèk tan andeyò. Menm kote nou rive Ostrali, mwen kòmanse kriye! Mwen te konn chita sou kanape a pou plizyè è de tan, ap gade atè a pandan dlo ap sot nan je m koule sou figi m. Nou te epuize emosyonèlman.

Anviwon tan sa, Ken Wright avèk madanm li te vin wè nou. Se te nonm sa ki te baptize m, se youn nan moun mwen te panse mwen te ka di Senyè a mwen se pitit li. Pandan yo t ap ale lakay yo, Ken antre nan machin li, apresa li desann vit machin lan yon ti kras pou l di yon bagay. Bondye fè li te fè sa paske sal te di a te fè m anvi ba l yon kout pwen. Avèk yon ti eklè nan je l, li di m, « Ou konprann, se pa vre James, ke se sèlman chè ou ki ka febli. » E nou te febli, febli konplètman.

Lè m te tande Ken repete pawòl sa yo, tout bagay andan m te leve an kolè, « Mwen pa t ap travay nan la chè! Nou t ap priye pou tout bagay ka fèt nan pisans Espri a, ap chèche fè tout bagay atravè pisans Bondye! » Kòman fè misye ka di yon bagay konsa? Pwoblèm nan se te, m pat ka goumen ak sa li te di a. Pa gen okenn fason mwen te ka di mwen febli si tout sa yo te travay Bondye e tout te fèt atravè fòs Li. Si w febli, sa se yon endikasyon klè ke anpil nan « ou menm » te enplike nan travay la. Se te yon verite ki te difisil pou m te admèt. Tout bagay nan lavi m, konsènan sèvis Senyè a, te motive pa yon dezi ke Senyè a t ap aji ak pouvwa Li e pa Espri Li. Nou te konn toujou chante chan sa ki di, « se pa fòs, se pa pisans, men se atravè Espri Mwen, Senyè a di. » Mwen dekouvri anpil moun konn chante chan sa aprè sa yo ale deyò e itilize pwòp fòs pa yo e pisans pa yo pou yo fè travay Bondye. Chante yo t ap chante an pa t fè anpil diferans.

Ebyen avèk tout okipasyon nou yo, nou te vin konplètman febli. Nou kite ministè pou 2 zan. Nou te kite tout bagay. Nou te prèske deyò nèt. Denise te panse nou pa t ap janm tounen nan okenn lòt ministè ankò, e mwen pa t gen okenn lide kisa mwen t ap fè ak rès vi m si m pat tounen. Pandan 2 zan nou pa t fè anpil. Nou eseye kèk travay, men bagay ki te pi senp yo te difisil pou fè. Li te vrèman difisil pou m te panse lojikman pandan 30 minit. Yon travay senp tankou koupe zèb la te yon gran efò pou mwen. Mwen te toujou santi mwen bezwen dòmi souvan aprè mwen fin koupe zèb la. Se pa paske mwen te fatige fizikman men se paske mwen te febli mantalman akoz de efò a.

Atravè tout eksperyans sa, mwen te kòmanse re egzamine anpil bagay sou vi Kretyen an. Mwen te toujou fè l yon priyorite pou m te ranpli tout angajman ak devwa m, nan tan prive tankou nan silans mwen, preparasyon mesaj mwen yo e vizite malad yo. Lè m te pastè tout tan anpil moun konn vin nan biwo m pou eksplike m pwoblèm yo, kounyea m ap pote pwoblèm yo pandan yo menm yo santi yo miyò. Sa te kontinye ap akimile pandan ane yo jiskaske mwen pa t ka sipòte ankò. Mwen te kòmanse ap panse fòk ta genyen yon lòt fason.

Presyon Pou Grandi

Apre kèlke ane, mwen resevwa yon envitasyon pou m al responsab yon legliz kòm Pastè nan yon ti legliz Batis karismatik an Auckland. Mwen al vizite yo e mwen te eksplike yo eta sante emosyonèl mwen. Mwen eksplike yo sa doktè m nan ak zanmi pwòch mwen yo di de mwen. Yo reponn, "Nou pa p mande w pou fè anpil Bagay. Si w ka jis travay pou kèk jou nan semèn nan sa t ap yon bèl kòmansman." Yo te vrèman ban m anpil gras. Nou pase 7 ane la e yo te geri nou e nou te geri yo tou paske yo t ap travèse yon moman difisil apre Pastè yo te genyen avan te vire do l bay yo. Nou te gen kapasite pou nou te mete fokis moun yo sou Senyè a olye de pwoblèm yo, e Senyè a te geri nou pandan tout tan sa ansanm.

Nan ane 1994, mwen te tande yon mouvman espirityèl Towonto. Ebyen mwen ale kanada e mwen te vrèman touche ak sa Bondye t ap fè la. Mwen te santi yon nouvo vi t ap soufle nan mwen. Mwen te ka santi benekdiksyon Bondye e m santi tankou m t ap kòmanse yon nouvo jou. Aprè, nan 1997, nou achte yon tikè avyon pou n te ka vwayaje avèk Jack Winter toupatou nan lemond e wè sa Bondye t ap fè atravè nou. Nou pa t retire rad nou yo nan malèt nou pou 4 ane edmi e nou te kontinye ap vayaje nan ministè sa, ap viv nouvo jou sa.

Lè m te vin kreyten gen yon mesaj dominan mwen te konn toujou tande. Mesaj la te ale enpe konsa,

« Kounya paske ou se yon kretyen, fok ou grandi nan Senyè a. Kounyea fòk ou gen matirite. Fòk ou gen viktwa, frèm! Nenpòt bagay ki vini, fòk ou travèse l. Fòk ou chache Bondye nan mitan sitiyasyon an e devni yon venkè! » etc... etc...

E se konsa te toujou gen yon tip presyon pou w vin yon mati. Nan tan sa yo nou te konn chante yon chan, mwen te rayi chante. Anpil nan pawòl yo te sòti nan la bib men te gen yon fraz ladan l ki detoune sa tout bib la di. Mwen mande eskiz ak moun ki te ekri l la, men chan te ale konsa, *"mwen se yon venkè mwen viktoriye, m ap renye ak Jezi. Mwen chita nan plas anwo avèk Li"*. Tout sa yo biblik. Men apre li rive nan yon fraz ke mwen pa t ka chante. Li di, « mwen pa konn fè defèt, sèlman *fòs ak onè ak pouvwa.* » Mwen konnen li te sipoze yon deklarasyon pozitif men si m te oblije di l, li t ap yon manti paske mwen te konnen anpil defèt nan lavi mwen se pa sèlman fòs ak pouvwa.

Mesaj sa te kontinyèlman ap preche,

« Fòk ou pale pozitif. *Ou paka kite okenn move panse antre nan espri w paske ou se yon venkè! Fòk ou mache nan lafwa e kenbe viktwa. Fòk ou ranje koze w, fòk ou konpetan e ranpli ak sentespri. Fòk ou konnen pawòl la, tande tout mesaj yo, tande tout predikatè yo, e li tout liv yo. Fòk ou yon kretyen ki gen tout bagay anplas, òm de Dye fò!* »

Te gen yon pawòl yo te konn di : « Lè w vin yon kretyen, fòk ou vrèman ranje koze w!" Mwen reyalize kounya ke menm si ou te ranje tout koze w se yon ak wap fè! Anpil nan deklarasyon nou yo se jis awogans olye de lafwa. Si nou ka onèt avèk kote nou ye olye pou n ap nye reyalite a nou ka avanse spirityèlman. Anpil bagay yo te moutre nou fè se bagay ki fè nou nye sa ki reyèl e nye yon bagay pa vle di viktwa.

CHEVALYE SOU CHEVAL BLAN AN

Kèk ane de la mwen te fè yon vizyon ki te chanje lavi m. Nan vizyon sa mwen te kanpe devan yon forè ansyen tan yo. Mwen te konnen se te yon forè ansyen tan yo paske pye bwa yo te gwo ak gwo branch ki gaye tou pa tou. Li raple m forè ki te nan fim *Robin des bois*. Mwen te kanpe sou yon tè ki plen zèb epi, pandan m ap gade mwen wè m te kanpe sou yon wout ansyen tan yo ke yo pa t itilize ankò e ki te plen zèb. M te ka wè tras wout la ki pase nan mitan pye bwa yo. Pandan m te kanpe la, mwen wè yon bagay k ap soti nan mitan bwa yo ap avanse sou mwen.

Pandan l ap apwoche mwen ka wè ke se yon cheval blan sa ki te sou li a se te yon chevalye. Abiman pwotèj li te briyan, koulè blan oubyen ajan klere. Chevalye a te leve yon epe anlè bò ki pa file a parèt li olye li te kenbe l tankou lè yo pral atake. Lòt ponyèt li a te lonje ak men l ouvè. Sa ki te etranj lan li pat kenbe kòd cheval la! Pandan l ap avanse m ka wè cheval la ap danse. Kèk pa devan kèk pa dèyè. Kèk pa isit kèk pa lòt bò. Li repete mouvman sa tanzantan. Pat gen prese. Chevalye a te jis chita sou cheval la men anlè ak epe l nan men l.

Chevalye a apwoche m piti piti sou cheval k ap danse a e je m kòmanse rekonèt plis mouvman. Nan mitan fè nwa nan forè a, moun kòmanse avanse vini nan wout la. Eklerajè limyè ki te antoure cheval la ak chevalye a ki te sou li a t ap rive nan fè nwa ki te nan forè a. Gen moun ki t ap kriye gen moun ki t ap ri. Gen enpe ki te blese e yo t ap rale pou yo antre nan limyè a e yo te ranpli ak la jwa. Enpe t ap danse tankou timoun piti, kenbe men ap danse nan yon wonn. Enpe te mete ajenou bò wout la ak men yo leve pandan chevalye a ap pase, ap adore Senyè a. Chevalye a pa t Senyè a men li t ap pote glwa Senyè a ki t ap penetre nan fè nwa ki te nan forè a.

Yon sèl kou mwen wè m te kanpe nan mitan wout la. Men mwen pa t gen rezon pou m te pè e mwen pa t santi mwen te sipoze kanpe sou kote pou m te kite l pase. Mwen te kanpe la nan mitan wout la epi cheval la vin sou mwen e li kanpe la. Chevalye a te gen yon kas nan tèt li e vè pwotektè a te desann sa fè m pat ka wè figi l. Li parèt tankou li pa t enterese avè m oubyen li pa wè m. Li jis chita la sou cheval la san li pa fè okenn mouvman. Apre sa m santi anndan m mwen te envite pou m te mete pye m bò kote pye chevalye a te ye sou cheval la pou m ka moute l. Ebyen mwen mete pye m sou pye chevalye a e mwen moute e mwen kanpe bò kote l. Li pat chanje pozisyon menm. Epe li te toujou anlè e men l te toujou lonje. Mwen gade l men mwen pat ka wè figi l paske pati ki bare vizaj la nan kas la te toujou desann e pati pou l te ka wè a te tèlman nwa mwen pa t ka wè anyen andan l.

Mwen lonje menm e leve pati ki te bare figi li pou m te ka wè vizaj li. Men lè mwen te leve l m pat wè figi pèson. Pat gen yon figi ditou. Ebyen mwen retire kas la nèt e mwen te etone lè m wè li pat gen tèt! Apre sa mwen gade anndan rad pwotèj la mwen wè yon ti gason – jis yon ti gason! Ti gason an te gen yon gwo souri sou lèv li, tankou m te ka di w, sa se blag ane a! M jis chita sou cheval la e n ap danse e tout bagay sa yo ap rive otou de mwen, moun ap soti vin jwenn Senyè a, moun ap touche, jwenn delivrans, geri, beni e tout bagay ap fèt – e yo panse mwen se yon gwo chevalye de Dye. Men m jis yon ti gason! Lè m te wè sa, e wè ti gason an ak yon gwo souri sou lèv li, pou premye fwa nan vi m mwen te kòmanse konprann kisa ministè Kretyen an ye.

Legliz La Se Yon Fèt

Padan ane yo legliz la dekri nan plizyè fason. Yo dekri l kòm yon lamè. Gen yon moun ki ekri yon liv ki rele *epouz la ak bòt batay nan pye l*. Malgre mwen pa t janm li liv la, fòk mwen admèt mwen pa t remen tit la. Imajine ou ale nan yon maryaj e lè yo jwe mizik la pou epouz la antre… men epouz la ap vini….klop, klop, klop. Envite yo vire gade pou wè li ap mache pou l al devan, bòt li nan pye l ap pile tè a. Mwen paka fè tèt mwen kwè nan yon deskripsyon epouz konsa.

Nou panse legliz la se yo lame e fòk tout moun antre nan mach la e make pa tankou solda yo. Legliz la se yon espas elaji ak divès don e libète plis ke sa ou te ka menm reve. Legliz la pa t gen entansyon pou fè tout moun menm jan. Se yon kote endividyalite ka eksprime nan yon amoni pafè ak lòt moun. Legliz la se yon senfoni don anba direksyon Sentespri. Gen moun ki dekri legliz la kòm yon lopital, kote nou tout kouche sou kabann jiskaske yo ranje nou. Sa se yon ide dominan nan sèk legliz la men mwen dekouvri verite a. Eske w konnen sa legliz la ye vrèman? *Legliz la se yon fèt.*

Lè m te yon jèn kretyen yo te toujou ap egzòte m pou m al sove mond lan. Wi, se vre mond lan bezwen sove! Repons lan se Jezi. Se pa konesans mwen e konpreyansyon mwen (menm nan krisyanis) ki ap sove mond lan. Lè m te soti nan peryòd kote m te febli a moun te konn vin wè m avèk pwoblèm yo pandan m ap tande yo, mwen te konn ap repete nan espri m tanzantan, sa se pa pwoblèm mwen. Mwen pa oblije ranje l. M te konn priye pou Bondye ede yo, paske mwen pa t ka pran chay la mete l sou mwen. Gen de bagay k ap travèse nou nan lavi a ki ant nou menm avèk Senyè a. Moun ka ede w men yo paka pote w. Ebyen mwen aprann kijan pou m pa kite bagay sa yo deranje m e pou m tankou yon timoun piti.

Tankou Timoun

Mwen dekouvri yon karakteristik patikilye de moun ki gen karateristik Bondye yo. Moun ki pi mèvèye e ki sanble ak kris se moun ki pi souvan tankou timoun. Jack Winter te tankou timoun anpil. Li jis te kwè nan Bib la, e pa konsekans li wè Bondye fè anpil mèvèy.

Jack te gen yon moun ki te konn entèsede ki te rele Amy ki te konn priye pou li e aprè te konn entèsede pou nou dèfwa. Li te nan 80 ane yo lè nou te rankontre l pou premye fwa. Li te vini Nouvèl Zeland, e entèsede pou mwen pou 2 semèn, pou 8 èd tan nan yon jounen an lang. Sa se te devwa l. Li te mennen yon zanmi avèl e yo te konn ale nan yon ti chanm, fèmen pòt la e nou te konn tande bri enkwayab k ap sòti nan chanm nan. Yo te konn priye avèk gran otorite. Lè li soti kite chanm nan pou l vin chita avèk nou pou nou manje, li te tankou yon timoun 3 zan! Li te toujou ap bay blag tout tan. Li te vrèman entèresan pou w te avèl e lè l ap ri te gen yon inosans san okenn konplèks ditou. Tankou yon timoun piti ki pa gen okenn lide kijan pou l konplekse oubyen dinyifye, li te tankou yon timoun.

Yo te tèlmnan konn di nou fòk nou grandi. Yo di nou fòk nou vin konpetan e gen matirite, plen lafwa ak pisans. Yo di nou fòk nou aprann tout leson yo e akimile konesans pou n ka toujou ka bay yon repons a kesyon moun poze nou. Gen predikatè ki konn di m konsa, Si legliz la t ap fè travay li, nou t ap fè sa e nou t ap fè sa paske se reponsablite nou pou nou ranje mond lan." Eske w konnen kote li te jwenn nou? Li jwenn nou nan rigòl la, anba raje nan koridò yo – e se la li jwenn enpe nan nou an reyalite. Nou te gen lavi brize e gate. Nou pa moun epòtan nan mond sa. Nou pa t moun ki te gen tout afè nou korèk. Nou se sila yo ki pa t gen espwa, ki pa t ka fè anyen dwat. Li te jwenn mwen anba yon pye bwa nan yon kote nan dezè a. Mwen pa konn poukisa li te chwazi m. Mwen se kras sosyote a. poukisa li te vin jwenn mwen?

Sa ki objektif lòm se pou adore Bondye e jwi Li pou tout tan, jan konfesyon Westminister a di l la. Sa sifi. Nou pa bezwen anyen an plis. Sa aplikab nan ministè nou ak lavi pèsonèl nou tou. Krisyanis pa yon chemen pou konpetans men yon chemen pou vin tankou timoun. Plis nou vin tankou timoun plis nou apwoche nou de Li. E plis nou apwoche nou de Li plis nou vin tankou timoun. Ou panse lè Jezi te di ou konsa, « *tout o tan ou pa vini tankou yon timoun ou paka antre nan wayòm Bondye a,* » men te gen yon lòt fason pou Li?

Timoun konn kijan pou yo jwi lavi. Kiyès ki gen plis jwa? Yon avoka oubyen yon timoun? Kiyès ki ri pi bèl? Yon achitèk, yon polisye oubyen yon ti fi? Se toujou yon timoun. Poukisa? Paske yo pa enkyè avèk bagay konpetans sa ki gen nan lavi. Y ap ri nan bagay ki pap menm fè mwen menm avè w souri. Yo gen yon gran kapasite pou yo senpleman jwi moman prezan. Nan anpil ka jan nou konnen krisyanis la konn ajoute sou strès ki genyen nan lavi nou. Nou ka mache sou yon liy fen ak perèz pou nou toujou fè bagay dwat e viv dwat. Se pa san rezon moun ki pa kretyen an konn gade nou e yo di *"m pa vle konsa!"*

Jezi Tankou Yon Timoun

Menm Jezi te tankou timoun. Matye 11:25 di « Aprè sa Jezi leve vwa li, li di 'Mwen louwe non ou, Papa, Senyè Syèl la ak tè a, *dèske ou te kache tout bagay sa yo devan je nèg save yo ak moun lespri yo. Alòske ou revele yo bay ti piti sa yo ki pa reprezante anyen'.*»

Mwen pase plizyè ane pou m pran konsyans Jezi an reyalite ap pale de li menm la. Kisa ki « tout bagay sa yo » l ap pale la? Lap pale de bagay li tap anseye yo nan chapit avan yo. Si yo pa t revele ak nèg save yo ak moun lespri yo, a kiyès

yo te revele? Yo te revele ak Jezi. Se li menm ki ta p anseye yo. Papa a te aprann li bagay sa yo paske l te gen kè yon timoun piti. Li di "Doktrin mwen se pa pou mwen" (Jan 14:10). Nan yon lòt fason, "mwen poko fin konpran bagay teyolojik sa. Mwen pa gen ide sou tout kesyon doktrinal sa yo."

Li deklare tou "… Pitit la pa ka fè anyen pou kont Li…". (Jan 5 :19) li pa di « Pitit la pap fè anyen pou kont Li », se konsa anpil moun li pasaj sa. Li di « Pitit la pa ka fè anyen pou kont Li ». Nan yon lòt fason « Pa gen anyen nan mwen ki ka fè bagay sa yo oubyen anseye sa m anseye yo. Mirak mwen fè yo opere atravè mwen, yo pa soti de mwen. Pawòl mwen di yo se pa pawòl mwen yo ye. Se Papa a k ap viv nan mwen ki akonpli tout sa yo."

Li pa di "Pitit la pa ka fè yon bagay de li menm", ni Li pa di, "Pitit la chwazi pa fè anyen pou kont Li." Li di, « Pitit la pa ka fè anyen de li menm. » gadon deklarasyon enkwayab!

M ap di sa ak reverans men Jezi pa t twò konpetan menm. Li pa t granmoun epi san matirite ! li te tankou yon timoun. Twò souvan nan legliz n ap chèche nèg save ak moun lespri. Jack Winter te remake revelasyon sa a te souvan difisil pou pastè ak lidè yo resevwa. Antanke pastè mwen ka konprann byen presyon pastè yo ak lidè yo ap sibi. Pastè yo resevwa mesaj sa kòm etan bon pou kongregasyon an men li pa aplikab pou responsab yo. Lidè legliz yo bezwen ouvri kè yo pou yo resevwa sa BonDye genyen pou yo.

Sajès se aji kòrèkteman nan yon sitiyasyon, tandiske pridans la se fè chwa kòrèk pou byen fiti nou. Souvan pastè yo fokalize yo sou fason pou yo fè bagay yo nan yon bon manyè – "Kisa ki bon pou di, ki pi bon fason pou jere yon sitiyasyon? Ki bon fason ou ka fè sa ? kisa nou dwe fè nan reyinyon lidè yo ? Kijan pou prepare pou senk ane k ap vini yo? Ti pa pa tipa tout bagay vin konsantre sou kòman pou nou viv vi nou ak fè « bon bagay ». Jack te panse pastè yo te souvan devni « nèg save yo ak pridan yo » epi te fèmen kè timoun yo.

Mwen pa di nou pa bezwen fè bagay sa yo men pa pretann se matirite. Lè nou kòmanse panse nan liy " *Men sa ki matirite a, kounyea mwen se yon kretyen ak matirite paske m fè tout bagay sa yo*", sa ki vin pase sajès ak pridans vin objektif vi nou, vin devni yon obstak pou anpeche nou resevwa revelasyon. Revelasyon bay ak sila yo ki gen yon kè *timoun*. Mwen kwè se youn nan rezon ki fè kò kris la nan syèk sa pa fè anpil avan nan vrè revelasyon ak entimite avèk Bondye. Nou fokis sou vin saj e pridan, men Senyè a ap menmen nou sou chemen pou nou vin tankou timoun piti.

Konn Tout Bagay Pa Bonè

Gen kèk ane, mwen te Oland yon kote yo rele Fleseng. Pandan m t ap bwè kafe avèk envite m yo yon maten li di m "James, mwen dekouvri yon bagay. *A koz ou konn tout bagay li pa rann ou ere".* Deklarasyon sa te touche m konsiderabman. Depi lè m vin kretyen yo di m te dwe konn tout bagay epi pou m ka yon lidè kretyen mwen te dwe gen yon lide sou tout bagay. Mwen te dwe konnen kisa chak vèsè siyifi vrèman oubyen omwen m te dwe enfòme de tout lide ki egziste. Presyon pou m konn *tout bagay* la te sou mwen.

Enpe pi ta, pandan m toujou Oland, mwen t ap pale antanke predikatè nan yon rasanbleman gason epi m te nan menm chanm avèk yon Neyèlandè ki te gen gwo vwa. Nou vin devni bon zanmi aprè. Lè Dimanche, aprè dènyè sèvis nou nou te chita sou kabann sipèpoze nou pandan n ap tann yo mennen nou Amstèdam. Pandan nou te chita la zanmi m lan te poze m yon kesyon sou yon pwoblèm lidèchip oubyen kèk bagay ki gen relasyon avèk ministè kretyen an. Mwen te reponn li « O , mwen pa konnen ». je l vin laj epi li lage kòl sou kabann lan li tonbe ap ri. Tout kabann lan te souke tèlman l t ap ri. Aprè kèk minit , li gade m epi l di « Ou pa konnen ? », epi m te reponn « Non ». lè sa a li lage kòl sou kabann lan ankò li tonbe ri. Mwen te ret chita la, etone de reyaksyon l lan. Finalamn, li chita ankò « James ou se yon predikatè. Ou dwe konn *tout bagay !* » ou wè, se presyon sa ki vin sou ou. Presyon pou w akimile konesans, gen sajès epi devni yon ekspè.

Chante Paul Simon An

Aprè mwen menm ak Denise nou te soufri feblès profesyonèl, nou te ale Ostrali pou n te ka onore yon angajman nou te pran avèk kèk lekol jenès ki nan misyon an. Se te yon peryòd tèrib nan vi nou. Nou te totalman febli men Senyè a te ede nou nan tout sa nou te dwe fè. Nou te travèse peyi Ostrali soti Adelayid rive Brisbann epi nou te travèse yon vil nan lwès Nouvèl Gal disid ki rele Bourk. Gen yon dikton ki di si w « dèyè Bourk » ou vrèman nan rakbwa a ! Pa gen anpil Ostralyen ki ale lwen konsa nan kanpay izole sa. Kidonk nou t ap kondi sou wout sa yo kote w ka pase douzèd tan ap kondi san peyizaj la pa chanje.

Pandan trajè a nou t ap tande albòm Paul Simon Graceland lan. Youn nan mizik yo t ap pale de yon pèsonaj ki rele Akanj Fat Charlie. Li chante konsa : « Akanj Fat Charlie tonbe nan chanm nan. Epi l di 'mwen pa gen lide sou sa. Epi m pa gen lide sou sa a tou' ». toudenkou Denise avè m kòmanse ri. Yon « akanj » pa menm gen lide ! Nou gen dwa pou n pa konnen ! Menm si w se yon akanj ! Lè nou te kòmanse ri, presyon m te genyen pou m te grandi epi pou m te fò, gen matirite ak pou m te metrize tout bagay la te kòmanse disparèt. Apre m te fin fè anpil efò pandan yon pakèt ane pou m te vin konpetan, lide yon « akanj » pa t vrèman gen opinyon te yon gran soulajman.

« Okipe, Okipe, Okipe »

Souvan lè m vizite legliz yo mwen gen opòtinite pou m pase tan avèk pastè a anvan reyinyon m pwal preche a kòmanse. Yon legliz gen pwòp kilti l, tankou chak nasyon gen pa yo. Mwen vizite anpil legliz diferan, se poutèt sa lè m rive yon kote pou yon premye fwa antèn espirityèl mwen leve, mwen eseye defini kilti a ak kwayans yo pou m ka etabli relasyon avèk yo epi kominike efikasman. Souvan mwen poze pastè yo kesyon epi repons yo eklere m. Youn nan kesyon m poze se "Kijan legliz ou an ye?" trè souvan, mwen jwenn repons sa a, oubyen yon bagay ki sanble avè l :

« Oh, nou trè okipe. N ap avanse bò isi a ! tèlman gen bagay k ap pase, legliz la vrèman grandi. *Gen konferans sa ki pwal fèt epi predikatè sa ap vini. N ap agrandi pakin nou an epi nou dwe agrandi kwizin lan tou. Nou gen ekip evanjelizasyon yo ki pwale an Afrik wikenn sa. Gwoup jèn yo ap devlope vrèman byen. An reyalite, li tèlman gran nou menm pran nouvo pastè pou yo okipe jenès la.*

Epi n ap bezwen plis moun ki pou jere pakin lan. Nou kolekte lajan pou sesi pou sela. Nou gen yon nouvo legliz ki enplante la epi yon lòt lòtbò a. Ministè fanm yo vrèman ap dekole epi n ap fè evanjelizasyon nan vil ki tou pre a. »

Tout sa m tande se « okipe, okipe, okipe ». Anpil pastè panse se sa w vle tande. Yo vle bay yon bon enpresyon ak predikatè k ap pase a. Men lè m tande tout preokipasyon sa yo mwen di « Euh, kisa ki pa p mache isit la ? »

Imajine sa Jezi t ap reponn, si, pandan l t ap pwomennen Nazareth, ou te mande l « Kijan ministè a ye, Jezi ? »

« Oh, nou okipe, okipe, okipe ! nou pwal Kapènawoum aprè midi a; n ap bezwen jwenn yon bato pou elwanye nou paske foul la ap twò gwo. *Nou pap ka gen mikwo men nou ka itilize dlo.* Epi Laza apènn mouri la m sanse pwale Betani la ; Marie ak Marthe vrèman boulvèse. Mwen ta dwe ale la kèk jou men sa pa sispann ! M ap pale ak anseye tout kote, m ap travay ak disip yo, men Pierre bay ti pwoblèm. Fò m jere sa. Epi mwen te bloke nan kouri dèyè moun k ap chanje kòb nan tanp lan, gen yon moun ki mouri epi m te yon ti jan mele epi m te dwe ale yon lòt kote epi resisite yon moun nan lanmò. Nou te pran yon ti reta sou orè a, men nou te reyisi regle pwoblèm dam ki t ap pèdi san an epi nou sou bon wout la – n ap avanse ! *fòk disip yo fòme tou.* »

Si w te mande jezi kòman ministè l la te ye, mwen pa kwè li t ap reponn konsa ! li t ap pwobableman reponn yon bagay konsa pito : « Papa a vrèman mèveye. Nou wè l fè bagay ki etonan. Nou jis la avè l, ou konnen. Se enkwayab sa l ap fè yo. Se pa mwen menm, se li menm ! Li di m sa pou m di epi m di l. Lè m touche moun yo, mwen wè anpil bagay espektakilè fèt. Nou te wè lòt jou patnè sa ki te gen *ponyèt seche a epi tout ponyèt li te restore. Se te jis mèvèye ! se yon tan enkwayab ! »*

Mwen vrèman kwè l t ap ranpli ak lajwa. Lè disip Jean-Baptiste yo te vin mande l : « Eske w se Mesi a oubyen nou dwe tann yon lòt ? », li te reponn « Al di l sa nou tande ak sa nou wè. Avèg yo wè, bwate yo mache, soud yo tande. » Li pa t santi l te bezwen rasire Jean-Baptiste se li k te Mesi a. Mwen kwè se sa l t ap di vrèman, se te « sa k ap pase a mèvèye. Nou pa fè anyen, BonDye fè tout bagay. Nou jis tankou timoun piti k ap jwe nan labou epi nap rejwi. »

Tankou m te di l avan, mwen rive nan konklizyon ke wayòm BonDye a se yon fèt. Trè souvan nou fè l yon misyon evanjelik oubyen yon koz. Nou transfòme l ak yon bagay serye epi ki pezan. Pa janm gen pwoblèm pou w envite yon moun nan yon fèt men w ta ka gen pwoblèm pou w fè l vin legliz.

FEBLÈS OU SE FÒS OU

Apot Pòl te konnen kisa sa te ye pou w viv nan paradòks feblès. Li pale de sa nan dezyèm lèt li te ekri legliz Korent lan. Dayè, mwen twouve sa entèresan pou m etidye lè Pòl ap pale de li menm. Li ta p yon etid kaptivan etid ki ta konsiste pou etidye okazyon kote Paul itilize « mwen », « mwen menm », oubyen « Pa m » nan tout sa l ta p ekri. Pandan sis repriz nan lèt li yo, li konseye « imite m ». Mwen ta sijere chak fwa Pòl ap pale de li nou ta prete yon atansyon patikilye. Nan 2 Korentyen 12:7, Pòl Kòmanse pale de li, li di:

« Pou evite sa, mwen te tou resevwa yon pwoblèm nan kò m k ap fè m soufri. Se tankou yon pikan yon mesaje Satan voye antre nan kò m pou fè m soufri epi fè m sonje mwen pa pi bon pase okenn lòt moun. »

Nou pa konnen egzakteman ki pwoblèm Pòl te gen nan kò a men sa ki asiran li te gen yon pwoblèm. E se pa t yon pwoblèm fasil. Gen kèk moun ki fè blag ak sa yo te di ke pikan sa ki nan kò a se te madanm li. Mwen pa bay sa okenn kredibilite! Jeneralman se plis mari yo ki se yon pikan pou madanm yo ke se madanm yo ki sa. Gen kèk moun ki di pikan nan kò Paul la se paske l te ti tay paske non l vle di « piti ». Pou yon nonm nan kalib li, sa pa tap gen enpòtans. Mwen pa panse ke wotè l te ka afekte li. Gen kèk moun ki di pikan nan kò l la se avèg Paul te vin avèg. Se yon posiblite. Li di nan Galat 4:15, « ... *E si se te posib, nou t ap prèt pou rache pwòp je nou ban mwen.* » Pòl te konnen lanmou yo pou li paske l te pataje levanjil la avè yo. Kèlkeswa pwoblèm sa nan kò l, sètènnman li te gen yon pwoblèm. An plis, li dekri l tankou yon "mesaje Satan", kidonk sa te yon bagay difisil anpil pou li.

Nan vèsè aprè a, li di

« Pandan twa fwa mwen priye Senyè a pou l delivre m anba pwoblèm sa ».

Pòl te travèse anpil difikilte epi l te eksperimante gras BonDye nan chak sitiyasyon sa yo. Men nenpòt sa l te ye a, sa te fè l plede twa fwa kot BonDye pou l

te retire l pou li. Se te vrèman yon bagay ki te difisi l pou w te viv avèl. Lè l te mande Senyè a pou l retire l, demand li an te refize. Sepandan BonDye te di l « Gras mwen sifi pou ou. Se sèlman lè ou fèb pisans mwen ap pafè nan ou. »

Pisans mwen akonpli nan feblès. Verite a si w vle pisans BonDye repoze sou ou e jwenn fòs nan tèt ou, ou diskalifye w pou w resevwa pisans BonDye. Pisans BonDye vin sou moun ki fèb. Fòs Paul pat nan paske l te fò, konpetan e li te gen tout repons yo.

Okontrè, gras BonDye te vin sou li *akoz* feblès li. Senyè a di « Gras mwen sifi pou ou paske fòs mwen vin pafè nan feblès ou».

Sa m dekouvri si w panse BonDye ap itilize w paske w priye anpil oubyen l ap itilize w paske w fè sesi ou sela, *ebyen kè w ap pran glwa sa a pou li* . Ou ka menm di « Mwen bay Senyè a Tout glwa » men se pa diskou w la Senyè a bay valè. Li gade kè w. Lè kè w pran glwa a, BonDye siprime pisans lan. Li pa pataje glwa l ak kikseswa. Sa mande lafwa pou rekonèt pa gen anyen ki kalifye nou pou BonDye itilize nou. Li mande plis lafwa pou fè pa sa a epi fè BonDye konfyans li pwal itilize nou. Li mande plis lafwa pou fè pa sa nan BonDye lè w gen santiman akablan pa gen absoliman anyen nan ou menm ki gen valè pou Bondye.

Vin Yon Timoun Piti

Yon lòt egzanp feblès Pòl parèt nan chapit 2 premye Epit Korent yo. Daprè entèlektyèl yo legliz Korent lan se legliz ki te pi chanèl nan tan pa l la. Se te repitasyon yo antouka. Epi men Pòl meyè etidyan rabinik nan tan pa l la. Li te akademikman briyan epi ranpli ak zèl relijye. Moman l te resevwa revelasyon enkwayab sa de Senyè a, li te bezwen yon pikan nan kò l pou te anpeche l egzalte nan pwòp kè l. Menm apot Pyè pa t konprann pi fò bagay Pòl te di. Li ekri (nan 2 Pyè 3:15-16) " ... *Se sa frè byenneme nou an, Pòl, di nan sa l ekri... Se sa li ekri nan tout lèt li yo ; gen pasaj nan sa li ekri yo ki difisil pou moun rive konprann...* » Pyè te gen difikilte pou l te konprann sa Pòl t ap pale a. Pwofondè revelasyon Pòl la te vrèman enkwayab epi la, li te vin nan legliz Korent lan pou l te eseye mete lòd.

Nan vèsè 3 chapit 2 a, li ekri legliz Korent lan " Lè m te vin lakay nou, mwen te fèb, mwen te menm ap tranble tèlman m te pè. »

Li pa t vin Korent pou l te di: «Mwen konprann tout bagay sou kwasans legliz. Mwen konn kòman pou m fè. Mwen ka vini epi regle tout pwoblèm nou yo. Mwen konn kisa pou m di lidè legliz la ak Ekip la. Mwen *gen eksperyans ak pratik. Mwen konnen tout demach yo. M ap retabli legliz nou an nan yon semenn – pa gen pwoblèm – de semenn oubyen plis.* » Li pa t di yon bagay konsa. Li te di pito « Mwen vini nan feblès, krentif epi m ap tranble ». Li pa t konn sa pou l te fè.

Pòl te aprann menm sekrè Jezi te konnen an. Vin yon timoun piti. Lè nou panse nou ka fè tout bagay, nou diskalifye.

BonDye rankontre nou nan feblès nou. Ou pa bezwen metrize tout bagay pou w pitit gason oubyen pitit fi BonDye. Youn nan pi bon zanmi Denise, Katie, te bay temwanyaj li pandan yon reyinyon gen kèk ane e m pa t janm tande yon temwanyaj pikan konsa. Plis li t ap pataje istwa l plis mwen te santi l te sè m. Mwen pa t eksperimante menm jan de doulè a, men m te ka idantifye m a reyalite istwa l la. Lè moun yo fè yon demonstrasyon fòs, lè yo montre nou kijan yo metrize tout bagay, mwen pa retwouve m menm nan sa y ap di a. Mwen konnen gen dèfwa kote m sanble metrize bagay yo epi lè onksyon an vini li ka sanble m ap pote yon zam. Li ka sanble m se vrè chevalye Bondye. Men retire kas la epi gade anndan zam lan pa anba.

Sispann Jwe Jwèt La

Lontan mwen te gen abitid pretann mwen te yon moun konpetan epi mwen te aprann yon pakèt ti fent diferan pou m te moutre fòs mwen. Epi m vin kòmanse wè feblès mwen te pi gran atou m. Mwen te jis yon chasè sove pa erè ! Se pa t fòt mwen ! Yon moun trè kouraje te pwofetize ke m t ap devni yon anseyan pawòl la. Se te pwofesi ki te plis kouraje ke yon moun ta ka bay nan vim jou sa a si yo te ak kisa mte sanble. E mwen te ase fou pou m te kwè l. Ebyen mwen te panse si m te dwe vin yon anseyan pawòl la mwen ta dwe kòmanse ap li l. M ap li l depi lè sa e kounyea mwen santi tankou m nan yon rivyè revelasyon, lè m konnen trè byen se pa akoz konpetans mwen.

Pandan dènye ane sa yo nan eksperyans kretyen nou, nou pase meyè moman nan lavi nou. Mwen te sèlman kapab santi libète sa a ak lajwa sa a aprè mwen te libere tèt mwen de tout sa mwen te panse mwen te vle devni, pou m te jis yon ti gason nan bra Papa m.

Eske w konnen kle revelasyon lanmou Papa sa a ? Jis devni yon timoun piti. *Yon timoun piti.* Plis w ap eseye sofistike epi konn tout bagay, li tout Ekriti yo, tande tout mesaj ak li tout liv yo ; plis ou vle vin òm oubyen fam de Dye gran, fò, granmoun epi gen repitasyon, mwens w ap gen kapasite pou w konn Papa a tankou yon Papa ki renmen w.

Nan vizyon m kòm chevalye ki t ap soti nan forè a, mwen te santi m tankou yon ti gason… men mwen te chita sou yon cheval blan. Cheval blan se Sentespri. E si w al chita sou cheval sa ou pa otorize pou w chèf li. Ou dwe ale nenpòt kote l ap danse avew. Tankou se yon dans. BonDye vle itilize nou. Li vle pisans li revele a travè nou menm paradòks la, feblès ou yo se pi gran atou w. Eske w gen feblès nan vi w ? Eske w gen pwoblèm ke w pa ka rezoud ? yo se pi gran atou w. Anpil fwa n ap tann BonDye rezoud pwoblèm nou yo anvan l itilize nou. Men kite m di w yon bagay. Li itilize w nan mitan feblès ou. Plis ou fèb, plis li ka itilize w. Pi gran andikap la se pwòp fòs nou, pwòp konpetans nou, akreditasyon nou ak reyisit nou. Pou nou "ranpli ak lafwa ak puisans" ak "metrize tout bagay" se pi gran obstak nou.

Si w gen fòs ou, l ap kite w rekòlte pwodui fòs ou. Sepandan, si w ka aksepte w fèb, w ap rekòlte pwodui fòs li e sa enfiniman miyò.

CHAPIT 8

Libète Gloriye Pitit Yo

∼

Avèk tout kèm mwen vle w jwenn èd pou w kapab ouvè kè w pou w resevwa lanmou Papa a. Se pi gwo dezi l pou Li genyen pitit li yo pre l, ap viv nan yon entimite, kache nan Kris nan kè Papa. Men se pa sèlman sa ki genyen. Gen anpil bagay toujou, yon eritaj gloriye pou w antre ladan l, eritaj ki pou pitit gason ak piti fi yo. Li se eritaj nou, men sa ki pi gloriye, nou se eritaj Li. Kounya pi gwo dimansyon an! Sa se sa ki devan nou. Se ouvèti sou yon gran sèn tankou etènite menm. Ebyen boukle sentiwon w e prepare w pou transpòtasyon lavi w.

Fason m priye pou moun anpil fwa konn trè efreyan. Watchman Nee di gen de fason diferan pou w priye avèk onksyon. Youn se lè gen yon mesaj kote ou konnen ezakteman sa w pral pataje jouk ou fini apre ou kapab relache onksyon ladan l. Lòt fason an se pou swiv onksyon an pou pa konnen kote w prale oubyen sa w pral di, ki pi angwasan men an menm tan ki pi dezirab nan sans kote ou pa janm fin sèten ki sa Senyè a pral di apre. Dèfwa m trouve m ap pale, san m pa konnen sa m ap di, e m konn etone de bagay k ap soti nan pwòp bouch mwen. Trè souvan mwen trouve m ap pale san pa gen okenn lide kisa m ap di! Sa rive yon fwa an Almay e, vrèman pandan m ap itilize yon entèprèt m te gen plis tan pou m priye apre chak fraz. Mwen di yon bagay mwen pa t konnen poukisa mwen te di l, men m te santi se te Senyè a. Mwen t ap pale kijan Bondye renmen vini pou l yon Papa pou nou nan tout bagay nan lavi kotidyen nou. Li renmen montre nou lanmou nan fè provizyon pou bagay òdinè tankou fè w jwenn espas pou pakin, pa egzanp. Pandan m t ap preche sanzatann mwen t ap di nan panse m, se pa sa Li vrèman ap chèche!

Kisa Li Vrèman Ap Chèche ?

Lè m te di l, imedyatman m panse, "Ebyen… kisa L ap chèche? Kisa ki ka genyen ankò? Mwen te santi se te Sentespri ki t ap pale tout bon men mwen pa t gen yon ti kras lide de kisa Li t ap chèche vrèman! Andan m mwen t ap di, « Senyè, kisa ou vrèman ap chèche? » Li renmen vin nan sèvis legliz nou e mete onksyon l sou adorasyon nou…men se pa sa Li vrèman ap chèche!" "Kisa Li vrèman ap chèche?" Mwen kriye nan kè m!

Espri m t ap kouri e ap panse, "Kisa m pral di tout moun?" M te santi tankou m t ap fouye yon tou pi fon e pi fon, mwen pa t ap ka soti! M pa t gen okenn lide kisa ki ta pral rive men te sanble pa t gen lòt opsyon sèlman pou m kontinye pale. Ebyen m te kòmanse pale de yon istwa mwen ak Denise te genyen.

M rakonte yon istwa lè nou te an Oland kèk ane avan, kote nou t ap kondi vit pou ale nan yon estasyon tren. Tren an Oland ale sou minit lan; yo pa konn anreta menm pou yon segond. Si w pa la nan tan egzakt la w ap rate tren an. Ebyen nou t ap kondi pou pou n ale nan estasyon an pou n te ka pran tren an. Nou pa t gen anpil tan. Nou antre nan pakin nan e li te plen. Se pa sa sèlman, te gen yon santèn bekann ki te apiye sou mi yo nan espas pakin nan e nou te reyalize sa te yon moman trè okipe nan jounen an. Nou t ap monte desann nan koulwa yo nan espas la ap chèche yon espas vid pou n pake pat gen youn nou te ka wè. Li te ranpli totalman. Ebyen Denise te priye, « Papa, ou ka ba nou yon espas pou nou ka pake? » Li te kòmanse priye depi lè nou antre nan espas pakin nan paske li panse li te bezwen bay Bondye tan pou l te voye yon moun nan machin li. Li te nesesè pou menm Bondye gen yon ti tan pou l òganize bagay sa yo.

Pandan nou ap kondi fè wonn nan pakin nan pou n ka jwenn yon espas li ajoute, "Senyè, fè yon moun santi l yon ti jan malad epi deside pou li pa ale travay jodia!" M pa konnen teyoloji dèyè priyè sa men li te fè priyè a kanmenm pandan nou vini nan yon lòt ranje espas pakin e nou wè yon mesye ki te pake machin li e li t ap mache vin sou nou dirèk. Sanzatann li kanpe, li vire e tounen ale nan machin li. Denise di Vince ki t ap kondi ak yon vwa fò swiv mesye sa! Ebyen nou kòmanse pouswiv li. Lè nou fè wonn li antre nan machin li, li fè bak e li kondi ale. Nou vin jwenn yon espas pakin vid! Nou antre dirèk nan pakin nan e Denise di konsa, « Senyè ou ka fè mesye santi l mye konyea! » Pakin nou te jwenn nan te pi pre pòt stasyon tren an. Nou kouri desann machin nan, nou pran tikè nou yo, nou prese antre nan yon etaj, ap trennen malèt nou, desann mach la, nan yon lòt etaj, nou monte mach la ankò, sòti nan etaj kote tren an t ap tann, nou antre dirèkteman nan pòt tren an, pòt yo fèmen dèyè nou e nou ale. Nou rive egzakteman a lè!

Men kiyès BonDye ye. Li renmen lè l se Papa pitit li yo konsa. Men, pandan m t ap pale jou sa, m kontinye ap di, Men se pa sa l ap chèche vrèman! Li renmen vin onksyone kwazad nou yo, evanjelizasyon nou, efò nou fè nan misyon nou yo pou jwenn nasyon yo, men se pa sa l ap chèche vrèman!" fraz sa jis kontiye ap vini e mwen te ka santi tansyon an nan espas la. Tout moun t ap panse, kisa L ap chèche vrèman?...e m pat konnen! Finalman, pandan m t ap di sa ankò, Li montre m.

An reyalite, BonDye remen pou l yon Papa pou nou nan tout bagay nan lavi nou, men sa L ap chèche vrèman se pou nou devni piti gason ak pitit fi Li pou Li nan tout bagay nan vi Li. L ap chèche pou nou pa sèlman konnen Li kòm yon Papa nan mond pa nou, men pou nou vin pitit gason ak pitit fi Li nan mond pa Li, nan pèspektif vi pa l.

Yon bagay ke mwen vin rekonèt nan papa ak manman yo yo vle pou piti yo eksperimante yon kalite vi ki sanble ou pi byen ke pa yo. Kèlkeswa nivo edikasyon yo yo vle pou pitit yo edike tou, ke yo menm. Yo toujou vle meyè pou pitit yo. Kite m di w, Bondye santi l menm jan pou nou kòm pitit Li yo. Li se papa nou e dezi Li se pou nou vini pou nou ka pitit gason ak pitit fi Li selon sa l ye.

Lè nou te fenk kòmanse tande de lanmou Papa, nou te panse li te jis pou gerizon emosyonèl. Aprè nou vin reyalize ke gen plis ladan l ke sa nou te janm panse. Li vide lanmou Li nan kè nou epi geri nou nan touman lavi nou men se jis yon kòmansman. Anpil nan nou kòmanse eksperimate lanmou Papa e panse, « Oh, mwen geri kounya m ka tounen nan sa mwen t ap fè deja, paske kounya mwen ka fèl kòm yon moun geri. » Bi bondye a pi plis ke sa. Li vle pou nou kontinye mache devan Li nan feblès. Dezi Li se pou n vin gen menm vilnerablite e depandans Jezi te genyen. Youn nan pi gwo bagay ki genyen nan Krisyanis se aprann pou konfòtab avèk feblès nou yo olye n ap esye goumen avèk Li.

Souvan nou konn imilye tèt nou e vin fèb *an prive* pou n ka geri men Papa vle pou nou aprann viv konsa. Vilnerablite konn fè nou santi n ap riske. Bondye pa vle pou nou fè yon vizit nan imilite, Li vle pou nou viv La. Pandan n ap aprann viv nan espas vilnerablite e konstaman ap bezwen lanmou Li e ap idantifye plis toujou avèk pawòl sa yo, « *Pitit la paka fè anyen pou kont Li,* » lè sa Bondye ka itilize nou. Ou kapab rive grandi nan Bondye sèlman nan imilite. Pandan n ap aprann viv la, Li kapab travay avèk nou kòm pitit gason l ak pitit fi l. Sa se sa m te kòmanse wè. Papa vle pou nou vin pitit gason ak pitit fi l apwopriye ak sa Li ye.

Lè m te trouve m ap pale sa an Almay premye fwa, se te kòmansman yon revelasyon ki pa t sèlman kòmanse chanje lavi m menm idantite m. Nan tan sa nan lavi m mwen t ap panse, « Ebyen, nou gen yon ministè ki reyisi, n ap vwayaje, epi m ap jwi plis ke tout bagay. Nou gen ase pou nou viv. L ap mache pou nou nan yon fason pratik. Mwen t ap panse, Se sa! Mwen se yon predikatè k ap vwayaje nan mond nan e ap pale de Papa a ; aprè sa m al lakay mwen, m pran vakans, aprè m vwayaje ankò. L ap mache trè byen!

Men lè m wè Bondye ap rele nou pou nou vin pitit gason ak pitit fi apropriye ak sa l ye, nan pèspektif li nan inivè a – sa se lè mwen te kòmanse panse mwen bezwen jwenn yon direksyon lavi ki apropriye ak yon Pitit Bondye e pa sèlman yon predikatè k ap vwayaje. Kisa mwen te ka fè ak lavi m ki te ka fè m yon pitit ki *apropriye* ak kiyès Papa m ye? – Paske Papa m se yon Dye tou Pisan! Sa se lè nou te kòmanse vizyone tout rèv sa pou lanmou Papa ale nan tout aspè Krisyanis la, nan tout kilti, tout nasyon, e tout moun nan mond lan. Ebyen tout istwa te kòmanse. Nou te kòmanse devlope lekòl kote moun kapab enpakte pi fon ke posib avèk eksperyans lanmou Papa, paske depi l antre nan kè w tout vi w ap chanje.

Kijan Bondye Ye ?

Depi ou kòmanse konsidere kisa sa vle di pou w se yon pitit gason oubyen yon pitit fi apropriye, kiyès Bondye ye sa mennen yon lòt kesyson. Kijan Papa m ye vrèman? Ki gwo konsèp ki dekri kiyès Papa m ye? Gen karakterestik ke ou gen pou nou eksplore pou nou ka antre nan relasyon pitit apropriye ak sa Li ye. Ki gwo mo e konsèp ki dekri Li? Kite m site kèk mo ki vini nan espri m. Bondye se verite, konpasyon, relasyon, Wi! Sali, lafwa, espwa, lajwa tout sa yo dekri aspè nati Li. Absoliman! Gen plis ki vin nan espri m, tankou mizèrikòd, gloriye, sen. Aprè sa ou ka site omnisyan, omnipotan, omniprezan.

Pandan mwen t ap panse ak karakteristik sa yo de Bondye, yon lòt mo vin nan espri m. Se te yon mo mwen pa t janm konsidere kòm yon mo pou dekri nati Bondye deja. Plis ankò mwen pa t janm tande okenn predikatè ap itilize mo sa tou. Mo a se "lib" Bondye "LIB."

Libète petèt se youn nan bagay ki presye pou kè imen an. Nou gade fim sou libète, nou li liv de liberasyon, nou tande chan ki eksprime libète. Poukisa aktè nan William Wallace nan fim *Braveheart* kaptive imajinasyon nou? Paske tout bagay nan nou reponn ak yon moun k ap bay vi l pou liberasyon li, liberasyon pou pèp li ak nasyon l. Libète petèt se youn nan pi gwo pwoblèm nou sibi kòm moun. Plis tout lòt bagay, moun ta renmen lib. Kontrè libète se esklavaj. Mwen paka imajine anyen ki pi mal ke eskavlaj. Mwen ta pito mouri! Esklavaj se youn nan bagay ki pi kriyèl ke ras imen an planifye. Pa gen okenn desizyon ou ka fè kòm yon endividi, nan okenn fason menm. Ou pa gen kontwòl ditou sou sa ou fè nan yon moman a yon lòt. Ou pa gen okenn kontwòl sou sa ou manje oubyen ki rad ou ka mete. Si w marye, ou ka separe pou lavi si yo vann youn oubyen nou tou lè 2 nan kote diferan. Esklavaj timoun pi mal toujou. Li kont tout sa ki lib nan nou. Gen yon bagay nan nou ki apiye sou espwa, ki kwè pou yon bagay miyò.

Libète se nannan nati Bondye ak kè Li. Li se libète total. Libète toujou mezire nan limitasyon. Eske Bondye gen limitasyon? Li ka fè tout bagay epa vre? Li ka kreye nenpòt sa l vle. Pa gen limitasyon nan libète l. Ebyen Gen yon bagay Li paka fè. Li paka peche. Sa se pa yon limitasyon malgre m te konn panse li te yon limitasyon, avan mwen te vin konprann nati peche. Gen moun ki konn di m, "peche tèrib, yon bagay trè mal. Pa janm fè li! Bondye rayi l. Li pa bon. Li mal. Yon bagay ki mechan!" Men esplikasyon sa yo pa t satisfè m ditou paske te gen kèk konpòtman yo te dekri kòm peche ki pa t sanble yo te fè Lòt moun mal. Kisa ki te tèrib e mal avèk bagay sa yo? Gen anpil bagay ki mal san dout men te gen kèk peche ke mwen onètman pa t ka wè okenn mal nan yo. Gen kèk bagay nou kite antre nan lavi nou paske nou pa vrèman konprann kisa ki mal avèk yo oubyen paske nou paka wè mechanste ki nan sèten konpòtman.

Vrè pwoblèm avèk peche li mare w avèk li. Peche mete men l sou ou e li vin mèt ou, kontwole w, mare w, e li pran libète w. Se sak fè peche mal konsa. Jan Bondye te di Kayen, peche kanpe devan pòt la e li vle pou l domine w. (Jen 4:7). Dezi peche se toujou pou l domine nou e lè nou antre nan peche, li anchene nou, mawonnen nou e li kòmanse ap trennen nou rale nou anba. Rezon ki fè Bondye pa vle nou peche se pa paske peche « mal » (yon fason pale) men se paske Li konnen ke l ap detwi nanm ou. L ap trennen w plis nan esklavaj kote pa gen chape sof pa san Jezi.

Ebyen lè nou di Bondye paka peche se paske Bondye paka pèdi libète Li. Pa gen anyen ki ka domine l. L ap toujou rete Lib. M pa t janm reyalize libète te yon bagay ki tèlman enpòtan pou Bondye. Sa ki plis, mwen te kòmanse wè sa chak tan mwen li bib la. Pasaj tankou Women 8:15, 2Kor 6: 18 ak Galat 4:6 yo tout pale de nou menm kòm pitit gason ak pitit fi Bondye k ap vini nan menm eksperyans libète ke L ap eksperimante.

Libète Mond Sa

Lè nou gade libète avèk pèspektif imen nou, li sanble ke moun ki posede plis libète nan mond sa se sa ki petèt pi rich yo. Si w gen apil lajan ou ka fè nenpòt bagay ou vle. Plis ou gen kòb plis libète w gran. Sa gen kèk ane aktè John Travolta antre Nouvèl Zeland nan pwòp avyon l, li te pilote pou kont li. Li t ap vole avyon pou te antre nan èpòt Auckland lan e li t ap antre kote pou te ateri, aprè li deside li pap ateri men l ap vole avyon pou l fè wonn Nouvèl Zeland e admire peyi a avan. Li vole avyon an sou tout zil yo, desann nan zil sid yo, li gade tout montay yo, aprè sa li vole tounen Auckland ankò. Jis pou l te gade! Sa petèt te koute l plizyè milye dola jis pou l te ka gade nan vit avyon pou l te ka wè sa l te vle wè yo. Si w gen kòb la ou ka fè preske tout sa ou vle.

Imajine pou yon moman, ou leve nan kabann ou yon maten telefòn ou ap sonnen. Lè w reponn telefòn nan, ou anprann ou eritye yon gwo sòm lajan, si w te kòmanse ap depanse li menm moman pou tout rès vi w, ou pa t ap janm ka fin depanse l. Imajine sa. Ou te ka nenpòt bagay. Pa t ap gen okenn limitasyon. Si w te gen tout kòb sa kisa ou t ap fè?

Ou t ap vwayaje nan mond lan? Ou t ap al gade tout bèl bagay nan mond lan e pase tan ap eksplore yo? Ou t ap achte yon zile? Kisa ou t ap mete sou zile sa? Pi bèl kay ou te ka reve? Ou ta pral shopping? Wi ou ta pral shopping! Nou tout ta pral shopping! Imajine si w te vle ale Hawaii men tout tikè te fin vann deja, ebyen ou t ap achte èpòt la menm! Apresa ou te ka ale kote ou vle, nenpòt lè ou vle. Petèt ou t ap rete nan pi bèl otèl nan Monaco pou yon ti tan. Li t ap menm posib pou w achte tout otèl la. Opsyon yo ak opòtinite preske san limit. Sou gen ase richès ou gen tout libète nan mond lan!

Youn nan rèv mwen se pou m te ale Alaska. Mwen te vin kolekte ase kilometraj avyon pou m te ka ale la. Ebyen, kòmanse nan Fairbanks, mwen pran woulib pou m desann Anchorage, ki pran m anviwon 9 jou. Yon mesye banm yon toune nan avyon li ki gen 2 plas, nou t ap vole nan zòn forè yo, nou t ap vole ap chèche mous ak lou. M t al peche pwason ak kèk lòt mesye e mwen te kanpe nan dlo a, ap kenbe pwason yo youn apre lòt. Te gen mak pye lou nan sab la pa dèyè mwen, ki te yon ti jan fè m pat alèz!

Lè w akonpli yon rèv, ou gen yon rèv an mwens, apre yon tan ou pap gen rèv ankò. Siw gen tout lajan ki nan mond lan pou w fè tout sa ou vle, ou te ka akonpli rèv ou yo fasil nan anviwon 5 ane. Men ou t ap vin abitye avèl e ti kal pa ti kal pèspektif ou t ap chanje e lavi t ap pèdi anbyans li ak amizman l.

Sa gen anpil ane mwen te li yon atik nan jounal Time magazine poum site gen yon sikatris ki nan moun ki te sipè rich yo. Li fè deklarasyon sa, « dezespwa moun ki sipè rich yo trè fon. » Eske sa pa entèresan? Sipè rich yo ka gen tout libète nan mond sa men dezespwa yo trè fon. Si tout rèv ou akonpli pap gen anyen pou viv pou li ankò. Mwen gen rèv ke mwen konnen mwen pat janm viv men mwen rejwi paske rèv la sèlman fè w viv. Si w pa gen rèv ankò e pa gen anyen ou vle fè ankò, nanm ou vin mouri. Rèv ekstrèmeman enpòtan pou nou. Sa revele moun gen yon kapasite pou l reve libète pi lwen ke mond sa gen pou l ofri. Mond sa paka akonpli rèv ou yo e mond sa pa ka ba ou libète ke kè ou te fèt pou li a. Nou pa t dizay pou limitasyon libète sa. Nou te dizay pou gen menm libète ke Bondye ap eksperimante a.

Ki Kote Nou Pwale?

Chapit 8 nan Women eksplike yon bagay de Krisyanis mwen pa t janm reyalize avan. Li pale de nou menm kòm pitit e montre nou kote Bondye ap mennen nou. Souvan nou sèlman wè benefis nan yon vèsè patikilye men nou pa wè baz reyalite a. Pa ekzanp, nou ka panse chase demon se bi ranpli ak sentespri a, olye senpleman yon sous pou sa n ap devni nan Bondye. Idantite nou nan Bondye pi enpòtan ke abilite nou genyen pou nou fè gran choz pou Li.

Kòmanse nan chapit 1 rive nan chapit 8, Pòl ap bay yon imaj total de bi Bondye atravè istwa, ap montre jan l ap travay nan mond lan. Li konplete imaj sa ak akimilasyon nan mitan Women chapit 8. Aprè sa li fè bèl deklarasyon tankou, « *si Bondye pou nou, kiyès ki ka kont nou? E kiyès ki ka separe nou de lanmou Kris...pa gen wotè ni pwofondè ni lòt bagay ki ka separe nou de lanmou Bondye nan Jezi Kris Senyè nou an.* » Pawòl sa yo bèl e yo pisan.

Mwen ta renmen atire atansyon w nan vèsè 22 a, nan deklarasyon ki di, « *...nou konnen tout kreyasyon an ap plenn e boulvèse tankou yon fanm ki ansent ak doulè jiska prezan.* » Kòm yon gason, mwen pa konn anpil bagay nan afè fè pitit. Sepandan, mwen te avèk Denise lè l t ap fè Mathew, dènye pitit nou an. Li fè tout akouchman san li pa fè yon son. Ni li pa itilize bagay pou doulè. Mwen te vrèman fyè de li men mwen te santi m malad lè m t ap gade l, ap gade agoni li pandan moman sa. Malgre li pa t fè okenn bri, li te manke kase tout zo nan men m – ebyen mwen konnen enpe nan doulè fè pitit! Yo di m fè pitit se eksperyans ki vrèman fatigan. Li enposib pou w panse ak lòt bagay lè w ap pouse pitit. Pòl itilize menm metafò a pou l dekri entansite dezi Bondye pou Li bay nesans ak yon bagay. Tout kreyasyon an nan yon doulè tankou (doulè fè pitit) ap eseye bay nesans a yon bagay ! Gen yon gran dezi nan Bondye pou kreyasyon l lan ka libere de konsekans chit la e pou l lib.

Bondye vrèman entansyonèl nan sa l ap fè nan lavi nou. Dèfwa nou ka gade fwa nou senpleman kòm yon branch nan lavi nou. Nou okipe ap akonpli anpil lòt bagay, mwen se yon achitèk, yon bankye, yon polisye, yon kontab, yon lidè nan espas travay la, yon manm ekip, yon manman, yon papa, yon konseye, yon atlèt… oh, e m se yon kretyen tou. Men pou w yon kretyen vle di Bondye gen gran entansyon pou Li akonpli yon travay nan ou, pou l fè sa Li te planifye pou ou. Li ap travay vrèman ak anpil entansyon. Se pa yon lwazi pou li. Sa se tout bagay pou Li. Li ranpli avèk objektif de sa l ap fè.

Si nou tounen nan vèsè 19, gen yon bèl ti deklarasyon, … "*kreyasyon an ap tann avèk yon gran espwa pou pitit Bondye yo revele.*" Fokis Bondye pandan tout istwa se pou Li wè pitit Li yo parèt! Mwen kwè, pandan moun ap antre plis e pi fon nan revelasyon Bondye Papa, ap eksperimante lanmou Li e ap mache avèk Li nan tip relasyon Jezi te genyen avè l, nou pral wè pitit gason ak pitit fi Bondye ap leve, avèk yon otorite ki depase tout sa nou eksperimante deja.

Sa ap yon otorite diferan. Nou eksperimante otorite pawòl la. Nou eksperimante otorite espri a. Nou eksperimante otorite don ministè yo. Nou eksperimante otorite pozisyon ministè. Men gen yon pi gran otorite. Otorite Papa! E li sèlman vini nan pitit Bondye yo! Lè otorite Papa vini l ap ranpli w totalman ak lanmou, verite, pouvwa, gras, bonte, dousè, sajès, e ak tout karakterestik parantal Li. Li pral yon otorite ke mond lan pa gen okenn kapasite pou l reziste. Lè otorite sa vini, nou pral wè pitit gason ak pitit fi Bondye ap sòti nan tout nasyon.

Otorite Pitit Gason Ak Pitit Fi Yo

Se direksyon sa krisyanis lan pran. Se gran objektif tout kreyasyon an. Lè pitit BonDye yo revele ak resanblans Kris la, n ap wè anpil gason ak anpil fanm leve nan chak nasyon avèk yon kapasite enkwayab pou yo pale dirèkteman de kè Papa a. Odela de otorite pou sèlman kwè pawòl la, odela de otorite pou ranpli Sentespri, men avèk otorite papa a ki revele epi ki enprime nan kè yo. Li di : kreyasyon an ap tann avèk yon gran dezi revelasyon pitit BonDye yo ». Sa li vle di!

Li rele nou pou nou pitit gason ak pitit fi an rapò avèk moun li ye a ! pandan nou genyen so, mak ak otorite Papa nou sou nou. De temwen nan Apoklips 11 se yon bon egzanp de rezilta final objektif Papa a. Yo toumante dirijan mond lan avèk predikasyon yo epi yo pat ka tiye yo avèk okenn zam mond lan te ka rasanble jiskaske BonDye te pèmèt sa. Lidè mond lan te tèlman soulaje lè yo te mouri, yo menm fè yon fèt ! Men BonDye resisite yo nan mitan mò yo nan zye mond lan epi li rele yo nan syèl. Mwen ankouraje w li sa yo di de yo jis pou w gen yon apèsi de veritab otorite pitit Bondye.

Lè nou gade sa Pòl di, "… kreyasyon an ap tann avèk yon gran dezi revelasyon Pitit BonDye yo », nou wè deskripsyon an nan vèsè 21 an « … paske menm kreyasyon an ap delivre tou nan esklavaj koripsyon an nan libète gloriye pitit BonDye yo ». Libète gloriye pitit BonDye yo! Pandan n ap gade kisa sa siyifi pou w pitit gason ak pitit fi Papa a, nou wè l rele nou pou nou lib menm jan li lib la.

Se sa tout bon papa vle pou pitit li – pou l gen menm nivo eksperyans ke li nan vi l. nou gen yon Papa ki pa konparab ak yon papa imen, men li se Papa nan li chak fanmi sou tè a tire non l. Nan yon lòt fason, se paske li se Papa ki bay nou tout idantite nou antanke fanmi epi moun. Nou fè pati relasyon familyal ki egziste nan trinite a! li se *Papa a*, *vrè* Papa a epi nou se vrè pitit gason l ak pitit fi l kounya. Li met lespri l nan nou epi li rele nou pou n antre nan lanmou l, pou n eksperimante patènite l jskaske n grandi pou n pitit gason l ak pitit fi lan relasyon avèk moun li ye a.

Sa gen kèk ane, te gen yon mouvman ki te rele "Pitit BonDye yo manifeste", men pa t gen revelasyon Papa a. Ou pa ka yon pitit si w pa gen revelasyon Papa a. Pitit Bondye pa vrèman yon kesyon de pitit Bondye. Li se yon kesyon de Papa a paske se lè w gen relasyon ak yon papa oubyen yon manman w vrèman yon pitit gason oubyen yon pitit fi. Se sa pitit Bondye vle di. Epi konsa, pandan n ap grandi nan sa a, li mennen nou nan libète gloriye pitit BonDye yo.

Nan Ki Pwen Bondye Lib ?

A Jan libète nou menm nou rele a ale pi lwen ke sa nou ka panse. Lè w bay Senyè a vi w, li padone peche w yo epi w reyèlman lib. Jan 8:36 di: "Si pitit BonDye a ban nou libète, n a lib tout bon." Souvan Nou asosye sa ak yon senp fè nou libere de peche oubyen nou fèt yon dezyèm fwa, men libète sa ale pi lwen. E sa se jis yon kòmansman !

Gen yon vèsè nan Galat m pa janm vrèman konprann, jiskaskem kòmanse wè kesyon libète sa. Nan Galat 5 :1, li di, « se pou n te ka lib tout bon kifè Kris la te delivre nou ». Mwen toujou mande tèt mwen kisa sa te vle di paske m pa t vrèman konprann li. An fèt, poukisa Pòl repete mo « libète » a de fwa ? Poukisa l pa senpleman di : « Bondye rele nou nan libète » ? Li te itilize fòmil sa ak tout esprè paske se pou libète Kris te libere nou. Mwen toujou panse prensipal rezon nou libere se te nou delivre de esklavaj peche. Se pa sa. Se pou libète Kris la libere nou. Poukisa ? paske libète se desten nou. Li libere nou paske libète a tèlman mèvèye, non pa paske esklavaj la tèrib anpil. Li vle nou mache nan libète epi libète sa se yon bagay ekstraòdinè.

Nou reve de libète sa. Mwen kwè rèv nou yo sòti nan jaden Eden, nan kè BonDye menm. Gen yon eko jaden Eden nan nou. Atant nou yo de yon jistis san pas pouki nan lavi voye nou nan jaden Eden. Malgre injistis ki anpil nan mond aktyèl sa, ap gen yon jou pou yon jistis pafè.

Nou aple pou n lib jan Jezi lib la, jan Papa a lib la. Men nan ki pwen BonDye lib ? Se la sa vin amizan.

Youn nan bagay mwen renmen kay Jezi, li te lib de taks. Pou n pi presi, li te peye taks li, men l te lib de metòd kapitalis ki pèmèt ou jwenn lajan nesesè pou peye taks li. Nan Mathieu 17, Pyè t al kot Jezi avèk yon kesyon. M ap parafraze l : « Senyè, kolektè enpo a nan pòt la. Eske n ap peye taks ? » Jezi reponn li an gwo, « wi, n ap fè sa, men nou pa limite ak metòd mond lan. » Epi li mande Pyè pou l al peche epi l di l: "lè w pran yon pwason, l ap gen yon pyès lajan nan bouch li e l ap sifi pou mwen avè w." Sa etone m Jezi pa mete lòt disip yo nan mirak sa. Sepandan, se sèlman Pyè kite poze Jezi kesyon an e l te temwen libète sa Jezi te opere ladann. Kidonk, Jezi te lib de sistèm fiskal mond sa.

Nan Don Lespri yo Jezi te opere te yon demonstrasyon libète l pa rapò ak limit konpreyansyon imen yo. Se pat paske Jezi te gen yon ministè gerizon, men pito li te lib de tout maladi! Li te lib de tout sa k sòti nan ennmi an. Li pat geri moun yo sèlman men li te libere yo de maladi. Li libere yo de doulè ki te anprizone yo ak maladi paske l t ap mache nan libète sa.

Li te lib nan edikasyon. Li te konnen anpil bagay san yo pat aprann yo nan yon klas. Li te libere nan pèspektiv BonDye konesans la. Bib la di "Se BonDye ki fè Kris la tounen sajès pou nou" (1 Korentyen 1:30). Nou kapab antre nan sajès Papa nou. Nou kapab apropriye konesans ke l genyen an.

Jezi te lib de limitasyon konesans tèrès nou. Li te lib de enfòmasyon ke senk sans nou ban nou, a travè edikasyon ak aprantisaj. Li te lib de sa ki te jeneralman aksepte kòm « konnen » epi l te gen yon konesans ki te ale pi lwen de konpreyansyon tèrès la. Li te mache sou dlo non pa paske l te vle mache sou dlo men paske l te lib de gravite. Pyè pat toutafè lib tou. Li te gade dlo a epi l te panse : « Ahhh, m ap koule ! » Epi li te efektivman koule jiskaske l vire vè Jezi pou l libere l de dout li. Jezi te lib de fason panse sa a. Nou wè sa lè l te anlve atravè nyaj yo epi l te monte al jwenn Papa l. ou pa renmen vole ? Poukisa w reve vole si sa enposib w ap ka fè l yon jou ?

Nou Te Fèt Nan Yon Prizyon

Imajine yon ti gason ki fèt nan yon prizon san okenn fenèt. Li grandi nan yon prizon, pami lòt prizonye, li pa janm konnen si gen anyen nan lavi sof prizon an. Pèspèktif total li de egzistans se sistèm prizon an. Li pa konn anyen ankò. Pandan tan ap pase li vin abitye avèk tout sistèm prizon an e li menm aprann kijan poul itilize enpe nan yo pou avantaj li pou l ka fè benefis ke lòt prizonye yo pa genyen. Li aprann kijan pou l manipile sistèm nan paske li vin entèlijan de fason prizon an. Li pa janm al nan lanmè, li pa janm wè montay yo, li pa konnen fèm yo. An verite li pa konn anyen sof poto fè, bout mi ak sistèm prizon an. Li ka panse li gen yon bon vi men nou konnen li konn yon ti kal de vrè mèvèy lavi a.

Frè a sè ke nou chak te fèt nan yon prizon. Sir Walter Raleigh di yon bèl pawol, "mond lan pa anyen sof yon gwo prizyon." Li rele « mond sa, » reyalite fizik sa, e nou panse ke se sèlman sa ki genyen nan lavi, se dènye eksperyans lan. Enpe nan nou vin trè byen nan manipile sistèm mond sa. Nou panse, « si w ka fè lavi miyò pou tèt ou e ou ka jwenn yon pi bon dil nan sistèm mond sa, ebyen bon pou ou! » Nou viv vi nou pandan n ap kwè ke se meyè vi sa gen pou ofri – men sa se pa vre.

Men reyalite a, chè lektè, nou se pitit gason ak pitit fi Bondye. Menm lè Adan ak Eve te peche yon vwal vin sou ras imen an e bare reyalite de kiyès nou ye. Nou se pitit gason ak pitit fi Dye tou pisan e l ap rele nou pou nou antre nan libète Li. Li ap rele nou pou nou gade kiyès papa nou ye epi kòmanse viv yon vi apropriye de sa Li ye. Lè nou kòmanse viv ak espwa, kwè, wè sipè natirèl la, wè pase sa nou ka konprann kòm « vrè, » depase sa ki devan nou, depase sans nou yo, e kòmanse reve de sa nou ka ye nan Li, nou kòmanse ap jwenn relasyon pitit. Verite mèvèye a Bondye ap rele nou pou yon bagay pi gran ke sa nou reyalize. Mond la ap eseye kadnase w. Dèfwa menm legliz la konn eseye kadnase w nan limitasyon pou travay anndan sistèm nan. Men nou se pitit gason ak pitit fi Dye tou pisan an.

Eksperimante Libete Gloriye A

Kite m fini pandan m ap rakonte w twa istwa. Istwa sa yo montre kijan libète gloriye sa fonksyone epi l ban nou yon apèsi ak jan de vi nou ka atann nou antanke pitit gason ak pitit fi an rapò avèk Papa nou. De nan istwa sa yo sòti nan eksperyans kèk zanmi fè epi yon lòt sòti nan pwòp eksperyans pèsonèl mwen.

Youn nan zanmi Denise yo te chita lakay li tou prè Toronto, li t ap priye. Toudenkou li reyalize li t ap leve kite tè a. Li te travèse plafon kay la epi l te sòti deyò a nan nwit lan l ap monte nan nyaj yo. *Mi yo pat ka kenbe Jezi non plis.* Li te sòti deyò ap monte nan syèl la nan nwit lan epi l kòmanse ap mache anlè a, li travèse oseyan

Atlantik epi Ewop ak yon vitès enkwayab. Li te ka wè tout bagay k ap pase anba l. Moman sa te reyèl tankou nenpòt lòt moman nan vi l. lè l te rive la Risi, li te kòmanse desann jiskaske l pase sou do yon ti kay, lwen nan bwa Siberi. Li te vin jwenn li nan yon kwizin, dèyè yon granmoun gason ki te apiye sou yon tab – li t ap kriye. Li te poze men l sou epòl li epi kòmanse priye pou li epi, pandan l t ap priye pou li, lajwa Senyè a vini nan kè l.

Pandan l t ap kriye ak jwa, li te leve ankò pase nan do kay la epi l pran vòl pou Amerik Disid, li jwenn li ankò ap priye pou yon lòt moun epi aprè li rantre lakay li. Li pa t janm viv yon bagay konsa avan. Li te tèlman etone. Yon jou, li te pale sa ak profète Bob Jones epi l mande l : « Bob, kisa w panse de sa ? » li te di l : « Ebyen machè ou jis devni yon veritab kretyèn, se tou ! »

Yon lòt zanmi nan Mineyapolis t ap priye nan chanm li yon swa epi l santi yon rafal van sou vizaj li. Li ouvè zye l epi li te jwenn li ajenou sou yon debakadè. Li t ap priye depi nan bonè maten men kounyea li wè deyò a klè e gran solèy pandan l sou waf la. Li etone, li gade otou de li li t ap mande sa k ap pase la. Toudenkou, li wè pi lwen sou rivaj la yon tifi ki t ap kriye e ki te panike, ebyen li te kouri al jwenn li epi l te wè zanmi l lan tonbe nan dlo epi l te an difikilte. Okenn nan de tifi yo pa t konn naje men patnè sa te yon trè bon najè, ebyen li te sote nan dlo a epi l te retire l nan dlo a. li te mennen l sou pò a epi li pase kèk minit ap rasire zanmi yo. Toudenkou li te jwenn li nan chanm li Mineapolis, rad li tranpe ak dlo sale ! li pa t gen absoliman okenn lide de kote l tale a. Kèk ane pi ta, li te nan yon kan kretyen lè de tifi rive an kouran nan foul la. Youn nan yo di byen fò : « Se ou menm mesye ! Se ou menm mesye sa ki te sove m lan ! Mesye sou waf la lè m te tonbe nan dlo a! ki kote w te ale?" li di yo: "Ki kote sa te ye? Ki kote sa te rive?" Yo te doute : « Ou konn ki kote! Ou te la ! » Li te reponn yo li pat gen okenn lide de kote sa te fèt epi l te rakonte yo tout istwa a. Yo te di : « Ebyen se te an Florid ! »

Dènye istwa a sòti de eksperyans pwofesyonèl mwen. Gen kèk ane nou te nan yon reyinyon fanmi kay manman Denise la. Nan nwit te rive epi tout moun t ap pale de kisa ki tap bon pou manje. Finalman nou te deside al chèche *pitza* e se te travay mwen pou m t al chèche yo. Mwen sòti deyò a epi mwen delòk pòt machin lan. Nan moman m t ap monte nan machin lan, mwen rann mwen kont m te bliye bous mwen. Mwen sonje l te nan chanm lan. Men pandan m ta pwal rantre nan kay la pou m rekipere l, yon ti vwa tou piti ki soti nan mwen di m: "Pa enkyete w pou sa." Mwen panse: « Pa enkyete w pou sa? Mwen pa gen kòb sou mwen! Plen kòb nan bous mwen. Se pa yon pwoblèm pou mwen pou m retounen al chèche l. mwen vrèman bezwen kòb ! » Men yon fwa ankò, ti vwa vini : « Pa enkyete w pou sa. »

Kidonk mwen fèmen pòt machin lan epi m kòmanse kondi nan direksyon vil la – a anviwon sis kilomèt. Pandan tout tan sa mwen tap panse : « kisa m pwa l fè ?! Mwen pa konn mesye yo ki nan pizzeria a. Yo pap banm pitza san lajan. Mwen te dwe tounen chèche bous mwen ! » Men nan fason kanmenm, kò m kontinye ap kondi machin lan ! Mwen rive nan yon kwen m te dwe vire a dwat, mwen kanpe epi m gade wout la. Pa gen anyen ki t ap vini. Mwen gade lòtbò lari a – wout la te lib. Epi m remake, te gen yon biyè 10 dola van te pote nan direksyon m. Mwen pa t janm wè lajan ap vole sou wout la anvan sa e m pa t wè sa depi lè sa. Li te vole dirèkteman vin jwenn mwen epi yon rafal van soulve l sou kapo machin lan. Mwen panse : « mwen pwal pran l ! » mwen ouvè pòt la epi nan moman sa biyè a vole sot sou kapo a pou l poze sou wout la bò kote m lan. Machin mwen t ap kondi an te ase ba pou m te ranmase l san m pat sòti nan machin lan. Mwen refèmen pòt machin lan epi m al chèche pitza a. li te koute $9,95 ! mwen te gen anpil kòb nan bous mwen lakay la, men se te kòmsi Papa a t ap di m : « Ou panse w se papa fanmi a, men mwen jis montre w ke *mwen* se Papa a ». Se te yon gran mirak pou mwen menmsi se te yon ti bagay. Sa fè m reyalize nan ki pwen nou pa soti nan mond sa a.

Nou se pitit gason ak pitit fi BonDye. Pandan n ap aprann mache ap eksperimante kontinyèlman ke l renmen nou chak jou nou vin lib. Tout bagay nou deklare kòm etan don mèvèye ak sinatirèl BonDye se sèlman an reyalite ekspresyon de sa nou sanse ye. Pandan ke pitit gason ak pitit fi BonDye yo revele, wayòm lan ap etabli epi mond sa ap chanje. Tout sa ki te soti nan Satan ap chase. Jou a ap fikse pou fèt nòs anyo a e nou tout ap prezan. Papa a ap vini epi l ap ajenouye l bò kote w pou l siye tout dlo nan zye yo. Ekriti yo di « … depi kounyea nou se pitit BonDye, epi sa nou va ye a pa ko parèt aklè. » (1 Jan 3 :2). Lè n ap nan fèt nòs yo, n ap gade tèt nou epi n ap di : « Nou pa t menm konn mwatye !!! »

Nou nan yon tan kote la marye a ap prepare l pou maryaj Anyo a. n ap vin epou Kris la jou nòs yo. Tradisonèlman nan maryaj juif yo mari a pa rankontre madanm lan anvan jou nòs la. Anvan sa li prepare l pou li. Yon jou n ap wè Jezi fas a fas men kounya nou nan preparasyon pou jou sa.

Abraham (Papa a) voye dis chamo chaje ak kado sòti lakay li ak sèvitè l la (Sentespri) pou Rebecca ka abitye ak lanmou epi ak anviwonnman familial Isaac (Jezi) te konnen pandan tout vi l. kounya se BonDye Papa a ki konble nou de tout sa li ye epi tout sa l genyen poun kapab prè epi apropriye pou maryaj avèk pitit li a.

« Kounya Nou Se Pitit Bondye »

Mwen santi pou premye fwa nan vi m mwen arive konprann kisa levanjil la ye reyèlman. Se yon Papa ki te pèdi pitit li yo ep li sèlman vle yo retounen. Paske majorite ras moun gen yon gran difikilte pou renmen figi otorite (chit kowonpi pi fò moun ki te sou pouvwa pa pisans sa). Papa a pa vini li menm, men l voye pitit li a pou reprezante l pafètman epi mennnen nou ba li lakay.

Gadon BonDye ekstraòdinè! Epi nou se pitit gason l ak pitit fi l! Mwen rejwi nan jou sa n ap wè pitit gason ak pitit fi yo k ap eksprime totalman nan reyalite ak libète, k ap leve nan chak nasyon nan mond lan, k ap ekspoze epi eksprime la pèsòn, nati ak zèv Papa nou, k ap mache tankou Jezi nan mond brize sa.

SOUS

Derek Prince, Bilten enfòmasyon fevriye 1998 la.

C. S. Lewis, A Grief Observed, Faber ak Faber, Lond, 1961.

Andrew Murray, Abiding in Christ, Bethany House Publishers, Minneapolis, Minnesota, 2003. Pibliye à l'origine en 1895 par Henry Altemus sous le titre Abide in Christ.

Augustin d'Hippone, ke Père Raniero Cantalamessa site nan Life in the Lordship of Christ, Sheed and Ward, Kansas City, 1990.

YON ENVITASYON

Si w te renmen lekti liv sa, nou envite w nan yon lekòl "A" Fatherheart Ministries. Lekòl « A » yo nan Fatherheart Ministries deroule pandan yon semèn nan yon enviwonnman pwopis pou revelasyon lanmou.

De bi lekòl « A » yo se :
1. Ba ou opòtinite pou w gen yon eksperyans pèsonèl majè de lanmou BonDye Papa a gen pou ou.
2. Bay konpreyansyon biblik ki pi fò posib de plas Papa nan la vi ak mach kretyen.

Pandan ane lekòl la y ap entrodwi a tout pèspektif revelasyon lanmou Papa. Atravè konpreyansyon revelasyon an e bon ansèyman biblik ki sòti nan lavi sila yo ki sèvi ou pandan yap ekspoze mesaj transfòmasyon lanmou, lavi, e espwa.

W ap jwenn òpotinite pou w retire blokaj pou resevwa lanmou Papa epi dekouvri kè w antanke vrè pitit gason ak vrè pitit fi. Jezi te gen kè yon pitit pou Papa l. li te viv nan prezans lanmou Papa. Levanjil selon Jan di nou tout sa l te di ak fè se sa l te wè ak tande Papa l fè. Jezi envite nou pou n antre nan mond sa tankou frè ak sè li li ki se premye ne.

Pandan ke n ap ouvri kè nou Papa a ap vide lanmou nan kè nou atravè Sentespri. Nan yon kè ki transfòme ak lanmou l, yon chanjman veritab ak dirab kapab fèt. Aprè anpil ane efò ak pèfòmans, anpil moun jwenn finalman chemen retou a, nan yon lye repo ak apatenans.

Pou w fè yon demand enskripsyon nan yon lekòl « A », vizite paj « Schools & Events » sou
www.fatherheart.net

FATHERHEART MEDIA

Kèk egzanp siplemantè de liv sa ak lòt resous de Fatherheart Media disponib nan adrès sa yo:

www.fatherheart.net/store – Nouvèl Zeland
www.amazon.com – Vèsyon Broche ak Kindle
www.bookdepository.com – Global livrezon gratis

FATHERHEART MEDIA

PO BOX 1039
Taupo, New Zealand 3385

Vizite nou sou www.fatherheart.net

www.ingramcontent.com/pod-product-compliance
Lightning Source LLC
Chambersburg PA
CBHW051547010526
44118CB00022B/2611